MensSana

Von Thich Nhat Hanh sind bei Knaur außerdem erschienen:
Unsere Verabredung mit dem Leben
Mit dem Herzen verstehen

Über den Autor:
Thich Nhat Hanh, geb. 1926 in Vietnam, ist ein weltweit engagierter Vertreter des Buddhismus, der sich unermüdlich für Frieden und soziale Gerechtigkeit einsetzt. Seit 1973 lebt er in Frankreich in der von ihm gegründeten spirituellen Gemeinschaft Plum Village.

THICH NHAT HANH

Innerer Friede – Äußerer Friede

Aus dem Englischen neu übersetzt von
Ursula Richard

MensSana

Die amerikanische Originalausgabe erschien 1987 unter
dem Titel »Being Peace« bei Parallax Press, Berkeley, Kalifornien

Besuchen Sie uns im Internet:
www.droemer-knaur.de

Alle Titel aus dem Bereich MensSana
finden Sie im Internet unter
www.mens-sana.de

FSC
www.fsc.org
MIX
Papier aus verantwortungsvollen Quellen
FSC® C083411

Neuausgabe Januar 2011

Ein Unternehmen der Droemerschen Verlagsanstalt
Th. Knaur Nachf. GmbH & Co. KG, München

Umschlaggestaltung: ZERO Werbeagentur, München
Umschlagabbildung: Corbis/Bill Lai
Satz: Daniela Schulz, Stockdorf
Druck und Bindung: CPI – Clausen & Bosse, Leck
Printed in Germany
ISBN 978-3-426-87509-4

2 4 5 3 1

Inhalt

Wenn wir friedlich sind,
wenn wir glücklich sind,
werden wir aufblühen wie eine Blume,
und jedem Menschen in unserer Familie,
in unserer ganzen Gesellschaft
wird unser Frieden zugutekommen.

Vorwort

Thich Nhat Hanh, der kleine vietnamesische Mönch mit der leisen Stimme, ist heute als buddhistischer Lehrer weltweit bekannt. Seine ersten Jahre im Westen verbrachte er jedoch, ohne als spiritueller Lehrer in Erscheinung zu treten. Seine ganze Energie richtete sich in diesen Anfangsjahren während des Vietnamkriegs darauf, eine Beendigung von Gewalt und Ausbeutung in Vietnam zu erwirken, indem er in den USA Vorträge hielt, an Demonstrationen teilnahm und Fastenaktionen für den Frieden durchführte. Als Folge seiner Aktivitäten ist ihm die Rückkehr in die vietnamesische Heimat bis auf den heutigen Tag verwehrt.

In den Jahren des Exils kam Thich Nhat Hanh zunehmend in Kontakt mit der inneren Unausgeglichenheit und emotionalen Zerrissenheit vieler Menschen im Westen. Er beobachtete, dass gerade Menschen mit einer hohen Bereitschaft zu sozialem Engagement häufig keinen Weg kennen, mit eigenem inneren Leid umzugehen. Der Versuch, innere

Konflikte zu ignorieren, führt oft genug dazu, dass das Engagement für Frieden und Gerechtigkeit in Hass und Destruktion abgleitet.

Innerer Friede – Äußerer Friede ist eine Antwort auf die Sehnsucht, Krieg und Gewalt im Innen und Außen zu überwinden. Es ist das erste Buch Thich Nhat Hanhs, das im Original nicht in Vietnamesisch, sondern in einer westlichen Sprache erschienen ist. Wir haben für die Neuausgabe einige historische Bezüge leicht gekürzt. Auch bleiben die ursprünglich enthaltenen Ausführungen über den von Thich Nhat Hanh gegründeten Orden Inter Sein in der Neuausgabe unberücksichtigt, da sie mittlerweile in aktualisierter und erweiterter Form in einem eigenen Buch erschienen sind.

Im Kern ist dieses Buch aktueller denn je. In jedem Jahr seit der ersten Veröffentlichung wurden neue Kriege geführt. Kriege im Auftrag der UNO werfen die Frage nach der Legitimität von Gewalt mit neuer Brisanz auf. Kann Gewalt ein Weg sein, Menschen zu schützen, Frieden zu erhalten oder zu schaffen? Wie immer die Antwort auf diese Frage ausfallen mag, wir können uns nur dann effektiv und langfristig für andere einsetzen, wenn wir gelernt haben, unsere Gefühle von Ärger, Wut, Hilflosigkeit und Schmerz zuzulassen und in einer konstruktiven und liebevollen Weise damit umzugehen.

Ein Weg dazu ist die buddhistische Meditation der Achtsamkeit, die Thich Nhat Hanh hier vorstellt. Sie hilft uns, die zersplitterten, ungeliebten und bedrohlichen Facetten unseres Ichs kennen, verstehen und akzeptieren zu lernen. Wir öffnen uns der ganzen Bandbreite der Erfahrung, ohne zu moralisieren und zu verurteilen, nehmen wahr, was ist, und finden dadurch leichter angemessene Wege des Handelns. So fördert die Übung der Achtsamkeit psychische Stabilität und Einsicht in die dynamischen – auch politischen – Zusammenhänge, die das Leben auf diesem Planeten bedingen. Sie wird zum Fundament eines ethischen Verhaltens und sozialen Engagements, das frei ist von Über-Ich-Druck und einer Projektion abgelehnter aggressiver Impulse nach außen in Form von Feindbildern.

Erst wenn wir Frieden und Freundschaft mit uns selbst schließen, werden Frieden und Freundschaft in der Welt möglich. Dieses Buch gibt viele Anregungen dazu. Viel Freude beim Lesen und Ausprobieren!

Ulrich Scharpf

Leiden
ist nicht alles

Das Leben ist voller Leiden, es ist aber auch voller Wunder: der blaue Himmel, der Sonnenschein, die Augen eines kleinen Kindes. Es gibt nicht nur Leiden. Wir müssen ebenso mit den Wundern des Lebens in Berührung sein. Sie sind in uns und um uns herum, überall, zu jeder Zeit.

Sind wir nicht glücklich, nicht friedvoll, dann können wir Frieden und Glück auch nicht mit anderen teilen, noch nicht mal mit denen, die wir lieben, mit denen wir zusammenleben. Sind wir friedvoll, sind wir glücklich, können wir lächeln und blühen wie eine Blume, und jeder Mensch in unserer Familie, in unserer Gesellschaft wird von unserem Frieden profitieren. Müssen wir uns besonders anstrengen, um die Schönheit des blauen Himmels zu genießen? Müssen wir üben, um uns daran zu erfreuen? Nein, wir erfreuen uns einfach daran. Jede Sekunde, jede

Minute unseres Lebens können wir so leben. Wo immer wir sind und zu jeder Zeit, haben wir die Möglichkeit, den Sonnenschein zu genießen, das Zusammensein mit anderen, ja sogar die Empfindung, die unser Atem hervorruft. Wir brauchen nicht weit weg zu reisen, um uns am blauen Himmel zu erfreuen. Wir brauchen uns nicht die Zukunft vorzustellen, um zu genießen, dass wir atmen. Wir können uns davon in diesem Augenblick berühren lassen. Es wäre schade, wenn uns nur das Leiden bewusst wäre.

Wir sind meist so beschäftigt, dass wir den Menschen, die wir lieben, mit denen wir vielleicht zusammenleben, und uns selbst kaum große Aufmerksamkeit schenken. Wir haben unser Leben so organisiert, dass wir noch nicht einmal in unserer Freizeit wissen, wie wir mit uns selbst in Kontakt kommen. Wir finden immer neue Wege, diese kostbare Zeit zu verschwenden – wir schalten den Fernseher ein, greifen zum Telefon, blättern in Zeitschriften oder fahren mit dem Auto in der Gegend herum. Wir sind nicht daran gewöhnt, mit uns selbst zu sein; wir verhalten uns so, als ob wir uns selbst gar nicht mögen; wir versuchen ständig, uns selbst zu entrinnen.

Meditation bedeutet, stets aufmerksam dafür zu sein, was geschieht – in unserem Körper, in unseren Gefühlen, in unserem Bewusstsein und in der Welt. Jeden Tag sterben Tausende Menschen, auch Kinder, an Unterernährung. Tausende Menschen sterben im Krieg oder bei Terroranschlägen. Und doch ist der Sonnenaufgang wundervoll, und die Rose, die heute Morgen vor der Mauer blühte, ist ein Wunder. Das Leben ist beides: Es ist voller Schrecken, und es ist wunderbar. Meditieren bedeutet, mit beiden Aspekten in Berührung sein. Glauben Sie nicht, wir müssten ernst und feierlich gestimmt sein, um zu meditieren. Aber wir werden viel lächeln, wenn wir gut meditieren.

Neulich saß ich in einer Gruppe von Kindern, und ein Junge namens Tim lächelte so schön. Ich sagte: »Tim, du hast ein sehr schönes Lächeln«, und er antwortete: »Danke.« Ich sagte ihm: »Du brauchst mir nicht zu danken, ich muss dir danken – weil du so schön lächelst. Du machst das Leben schöner. Statt ›danke‹ solltest du einfach antworten: ›Gern geschehen‹.«

Wenn ein Kind lächelt, wenn ein Erwachsener lächelt – dann ist das von Bedeutung. Lächeln wir in unserem täglichen Leben, sind wir friedvoll und glücklich, profitieren nicht nur wir davon, sondern alle. Das ist grundlegende Friedensarbeit. Wenn ich Tim lächeln sehe, bin ich glücklich. Ist ihm bewusst, dass er andere Menschen glücklich macht, kann er sagen: »Gern geschehen.«

Von Zeit zu Zeit sollten wir einfach daran denken, uns zu entspannen und friedvoll zu werden. Vielleicht gönnen wir uns ab und zu einen Tag der Besinnung oder Einkehr, an dem wir achtsam gehen, lächeln, mit einem Freund oder einer Freundin Tee trinken und unser Zusammensein genießen, als wären wir die glücklichsten Menschen der Welt. Den ganzen Tag können wir lächeln: während der Gehmeditation, während der Küchen- und Gartenarbeit, während der Sitz-Meditation. Zunächst mag es uns schwerfallen zu lächeln, und wir suchen nach Gründen, warum wir es überhaupt tun sollten. Lächeln heißt »wir selbst« sein, uns unserer selbst bewusst sein, statt unachtsam zu sein. Diese Art von Lächeln können wir auch auf den Gesichtern der Buddhas und Bodhisattvas sehen.

Den folgenden kurzen Vers können Sie von Zeit zu Zeit sprechen, während Sie atmen und lächeln:

Ich atme ein und beruhige Körper und Geist.
Ich atme aus und lächele.
Ich verweile im gegenwärtigen Moment
und weiß, es ist der einzige Moment.

»Ich atme ein und beruhige Körper und Geist.« Wenn ich diese Zeile beim Einatmen rezitiere, fühle ich, wie der Atem meinen Körper, meinen Geist wohltuend durchströmt und beruhigt.

»Ich atme aus und lächele.« Sie kennen die Wirkung eines Lächelns. Ein Lächeln kann Hunderte von Muskeln in Ihrem Gesicht entspannen und Ihr Nervensystem beruhigen. Aus diesem Grund lächeln die Buddhas und Bodhisattvas. Wenn Sie lächeln, zeigt sich in Ihnen das Wunder des Lächelns.

»Ich verweile im gegenwärtigen Moment ...« Während ich hier sitze, denke ich nicht an die Zukunft oder Vergangenheit. Ich sitze hier und weiß, wo ich bin. Das ist sehr wichtig. Wir neigen dazu, in der Zukunft zu leben, nicht jetzt. Wir sagen: »Warte, bis ich die Universität beendet und meine Promotion habe, dann werde ich wirklich leben.« Wenn wir den Titel haben, und er ist ja gar nicht so einfach zu bekommen, sagen wir: »Ich muss warten, bis ich eine Stelle habe, dann geht das Leben wirklich los.« Und dann, nach der Stelle, kommt ein Auto. Nach dem Auto muss es noch ein Haus sein. Wir sind nicht fähig, im gegenwärtigen Moment zu leben. Wir schieben es gern auf, lebendig zu sein, in die Zukunft, die fernere Zukunft; wir wissen selbst nicht, wann.

Doch jetzt ist der Moment zu leben, genau jetzt. Und deshalb üben wir uns in der Technik – wenn wir denn von einer Technik sprechen wollen –, im gegenwärtigen Moment zu sein: üben uns darin, gewahr zu sein, dass wir hier und jetzt sind, denn der einzige Moment, lebendig zu sein, ist der gegenwärtige Moment.

»... und weiß, es ist der einzige Moment.« Dies ist der einzige Augenblick, der wirklich ist. Im Hier und Jetzt sein und den Augenblick genießen ist unsere wichtigste Aufgabe. »Ruhig werden, lächeln, gegenwärtiger Moment, einziger Moment.« Versuchen Sie es.

Auch wenn das Leben schwierig ist, auch wenn es manchmal nicht einfach ist, zu lächeln, müssen wir es versuchen. Neulich fragte mich eine Freundin: »Wie kann ich mich zum Lächeln zwingen, wenn ich voller Sorgen bin? Das ist nicht natürlich.« Ich sagte ihr, sie müsse fähig sein, ihren Sorgen zuzulächeln, weil wir mehr sind als unsere Sorgen. Ein menschliches Wesen ist wie ein Fernseher mit Hunderten Kanälen. Wenn wir Buddha einschalten, sind wir Buddha. Wenn wir Kummer einschalten, sind wir Kummer. Wenn wir ein Lächeln einschalten, sind wir dieses Lächeln. Wir dürfen uns nicht von nur einem Kanal beherrschen lassen. Wir müssen die Situation selbst in die Hand nehmen, wir sind es, die entscheiden.

Wenn wir uns friedvoll hinsetzen, atmen und lächeln mit Achtsamkeit, sind wir unser wahres Selbst; wir haben Kontrolle über uns. Schalten wir hingegen den Fernseher an, lassen wir uns oft genug von dem, was wir da sehen, vereinnahmen. Manchmal ist es ein gutes Programm, aber meist ist es nur laut und bunt. Weil wir nach etwas suchen, das anders ist als wir, setzen wir uns vor den Fernseher und lassen all die Bilder in uns eindringen, uns verstören, uns verwirren. Selbst wenn unser Nervensystem darunter leidet, schaffen wir es nicht, aufzustehen und den Fernseher auszuschalten; denn wenn wir das täten, müssten wir zu uns selbst zurückkehren.

Und darum geht es in der Meditation. Sie hilft

uns, zu unserem wahren Selbst zurückzukehren. Es ist sehr schwierig, in dieser Gesellschaft Raum und Zeit zur Meditation zu finden. Alles scheint sich verschworen zu haben, uns von uns selbst abzubringen. Wir sind von Tausenden von Dingen umgeben, Videos, Musik, Filmen, die dazu beitragen, dass wir uns selbst fern sind. Meditieren bedeutet achtsam sein, lächeln, atmen. Das ist genau das Gegenteil. Wir kehren zu uns selbst zurück, um zu sehen, was geschieht; meditieren bedeutet, gewahr sein, was geschieht. Was geschieht, ist sehr wichtig.

Sind Sie schwanger, müssen Sie für Ihr Kind atmen und lächeln. Bitte warten Sie nicht, bis Ihr Baby geboren ist, bevor Sie es umsorgen. Sie können jetzt für das Baby sorgen. Wenn Sie nicht lächeln können, ist das eine sehr ernste Sache. Sie mögen vielleicht denken: »Ich bin zu traurig, ich kann jetzt einfach nicht lächeln.« Es mag sein, dass es richtig wäre, zu weinen oder zu schreien, aber Ihr Baby wird es abbekommen – alles, was Sie sind, alles, was Sie tun, hat Auswirkungen auf dieses winzige Wesen.

Auch wenn Sie kein Baby in Ihrem Bauch tragen, ist der Keim bereits da. Auch als Mann sollte Ihnen bewusst sein, dass ein Baby bereits da ist; die Keime künftiger Generationen sind bereits da. Bitte warten Sie nicht, bis die Ärztin Ihnen sagt, dass Sie ein Baby erwarten, bevor Sie für es zu sorgen beginnen. Es ist bereits da. Was immer Sie sind, was immer Sie tun, alles, was Sie essen, jede Sorge in Ihrem Kopf, Ihr Baby wird es spüren. Wollen Sie wirklich sagen, Sie könnten nicht lächeln? Denken Sie an das Baby und lächeln Sie für es, für die künftigen Generationen. Bitte erzählen Sie mir nicht, dass ein Lächeln und Ihre Sorgen nicht zusammenpassen. Sie sind traurig, aber was ist mit Ihrem Baby? Es ist nicht sein Kummer.

Kinder verstehen sehr gut, dass in jeder Frau, in jedem Mann die Fähigkeit vorhanden ist, zu erwachen, zu verstehen und zu lieben. Viele Kinder haben mir gesagt, sie könnten mir niemanden zeigen, der diese Fähigkeit nicht habe. Manche Menschen entwickeln sie, andere lassen sie verkümmern; aber jeder hat sie. Diese Fähigkeit, zu erwachen, dessen gewahr zu sein, was in den Gefühlen, was im Körper, was in den Vorstellungen, was in der Welt geschieht, heißt »Buddha-Natur« – es ist die Fähigkeit, zu verstehen und zu lieben. Da das Baby dieses Buddha bereits in uns ist, sollten wir ihm eine Chance geben. Es ist sehr wichtig zu lächeln. Wenn wir dazu nicht fähig sind, wird die Welt keinen Frieden haben. Durch unsere Fähigkeit, zu lächeln, zu atmen und friedvoll zu sein, können wir Frieden schaffen.

Die Drei Juwelen

Viele von uns sind besorgt um den Zustand unserer Welt. Wir haben das Gefühl, am Rande eines Abgrunds zu stehen. Als Einzelne fühlen wir uns hilflos und verzweifelt. Die Situation erscheint uns bedrohlich, soziale Ungerechtigkeiten sind weit verbreitet, in vielen Ländern der Erde herrschen Armut und Not. Wir sollten in dieser Situation aber nicht in Panik verfallen. Wir müssen ruhig bleiben, um klarzusehen.

In Vietnam gab es viele Menschen, sogenannte »Boatpeople«, die das Land in kleinen Booten verließen. Oft gerieten die Boote in rauhe See oder heftige Stürme. Die Menschen an Bord verfielen in Panik, und die Boote kamen in Gefahr zu sinken. Aber wenn auch nur eine Person ruhig und klar blieb und erkannte, was zu tun oder was zu unterlassen war, konnte sie dazu beitragen, dass alle im Boot überlebten. Ihr Ausdruck – das Gesicht, die Stimme – vermittelte Klarheit und Ruhe, und die Menschen vertrauten dieser Person. Sie hörten zu, was sie sagte. Eine solche Person konnte viele Leben retten.

Unsere Welt ist wie solch ein kleines Boot. Verglichen mit dem Kosmos ist unser Planet aber nur ein sehr kleines Boot. Und wir sind dabei, uns der Panik anheimzugeben, weil unsere Situation nicht besser ist als die der kleinen Boote auf stürmischem Meer. Es gibt unermesslich viele Waffen und Kriegsherde in der Welt. Die Menschheit ist zu einer sehr gefährlichen Gattung geworden. Wir brauchen Menschen, die ruhig sitzen und lächeln, die friedlich gehen können. Solche Menschen können uns retten. Dem Mahayana-Buddhismus zufolge sind Sie dieser Mensch, jede und jeder von uns ist dieser Mensch.

Ich hatte einen Schüler namens Thich Thanh Van, der im Alter von sechs Jahren ins Kloster eintrat und mit siebzehn bei mir zu studieren begann. Später war er der erste Leiter der Schule der Jugend für Soziale Dienste und leitete Tausende von jungen Leuten an, die durch den Vietnamkrieg zerstörten Dörfer wieder aufzubauen. Sie siedelten Zehntausende von Flüchtlingen um, die den Kriegszonen entflohen waren. Er starb bei einem Unfall. Er war ein sehr liebenswürdiger Mönch, und er war sehr mutig.

Als Novize von sechs oder sieben Jahren sah er, wie die Leute zum Tempel kamen und Kuchen und

Bananen als Gabe für den Buddha mitbrachten. Er wollte wissen, wie der Buddha Bananen isst. So wartete er, bis alle gegangen waren und der Schrein geschlossen war. Dann spähte er durch die Tür, um zu sehen, dass der Buddha seine Hand ausstrecken, die Banane nehmen, schälen und essen würde. Er wartete und wartete, aber nichts geschah. Der Buddha schien keine Bananen zu essen; oder aber er hatte bemerkt, dass ihm jemand nachspionierte.

Thich Thanh Van erzählte mir eine Reihe von Geschichten über diese Zeit seines Lebens. Als er entdeckte, dass die Statue des Buddha nicht wirklich der Buddha war, begann er sich zu fragen, wo denn die Buddhas nun seien; denn Buddhas schienen nicht unter den Menschen zu leben. Er zog daraus den Schluss, dass Buddhas nicht sehr nett waren, denn wenn sie zu Buddhas wurden, verließen sie die Menschen, um in ein weit entferntes Land zu reisen. Ich sagte ihm, dass wir selbst Buddhas seien. Buddhas sind aus Fleisch und Blut, nicht aus Kupfer oder Silber oder Gold. Die Buddha-Statue ist nur ein Symbol des Buddha. Der Wortstamm »budh« bedeutet »erwachen«, »wissen« und »verstehen«; und wer erwacht und versteht, die oder der wird »Buddha« genannt. So einfach ist das. Die Fähigkeit, zu erwachen, zu verstehen und zu lieben, wird Buddha-Natur genannt. Wenn Buddhisten sagen: »Ich nehme Zuflucht zum Buddha«, drücken sie damit Vertrauen aus in ihre eigene Fähigkeit, zu verstehen und zu erwachen. Die Chinesen und Vietnamesen sagen: »Ich kehre zurück und verlasse mich auf den Buddha in mir.« Der Zusatz »in mir« macht sehr deutlich, dass Sie selbst Buddha sind.

Im Buddhismus spricht man von den Drei Juwelen: der Buddha, der Erwachte; das Dharma, der Weg des Verstehens und Liebens; und die Sangha, die Gemeinschaft, die in Harmonie und Gewahrsein lebt. Die drei hängen zusammen, und manchmal ist es schwierig, eins vom anderen zu unterscheiden. In jedem Menschen ist die Fähigkeit, zu erwachen, zu lieben und zu verstehen, angelegt. So finden wir in uns selbst den Buddha, und wir finden ebenso das Dharma und die Sangha in uns. Verstehen und Liebe sind nicht zwei, sondern eins. Stellen Sie sich vor, Ihr Sohn wacht eines Morgens auf und sieht, dass es schon ziemlich spät ist. Er beschließt, seine kleine Schwester aufzuwecken, um ihr genügend Zeit zum Frühstücken zu geben, bevor sie zur Schule geht. Sie hat schlechte Laune, und anstatt zu sagen: »Danke fürs Wecken!«, sagt sie: »Sei still! Lass mich in Ruhe!«, und tritt ihn. Er wird wahrscheinlich ärgerlich und denkt: »Ich habe sie nett geweckt. Warum hat sie mich getreten?« Vielleicht will er in die Küche gehen und Ihnen davon erzählen oder Sie gar auch treten. Aber dann fällt ihm ein, dass seine Schwester in der Nacht viel gehustet hat, und ihm wird klar, dass sie wohl krank ist. Vielleicht hat sie eine Erkältung, vielleicht ist sie deswegen so gemein zu ihm. Er ist nicht mehr zornig. In dem Moment ist »budh« in ihm. Er versteht, er ist erwacht.

Wenn Sie wirklich verstehen, dann müssen Sie einfach lieben. Sie können dann gar nicht ärgerlich oder zornig werden. Um Verstehen zu entwickeln, müssen Sie üben, alle Lebewesen mit den Augen des Mitgefühls zu betrachten. Wenn Sie verstehen, lieben Sie. Und wenn Sie lieben, handeln Sie natürlicherweise so, dass Sie das Leiden der Menschen lindern.

Ein erwachter Mensch ist Buddha. Buddha ist in jeder und jedem von uns. Wir können wach, verstehend und liebend werden. Ich sage oft zu Kindern, sie könnten, wenn ihre Eltern verständnisvoll und lieb sind und fürsorglich lächeln, zu ihnen sagen: »Mama (oder Papa), du bist heute ganz und gar Buddha.«

Vor 2500 Jahren gab es einen Menschen, der so lange und intensiv meditierte, bis sein Verstehen und seine Liebe vollkommen waren. Dies war Siddhartha. Als junger Mann schon begann er darüber nachzudenken, dass zum Leben viel Leid gehört, dass die Menschen einander nicht genug lieben und einander nicht genug verstehen. So verließ er sein Zuhause und ging in die Wälder, um zu meditieren, zu atmen und zu lächeln. Er wurde Mönch und versuchte sein Erwachen, sein Verstehen und seine Liebe zu vervollkommnen. Er praktizierte viele Jahre lang mit fünf Freunden, die auch Mönche waren,

Sitz- und Gehmeditation. Obwohl sie klug waren, machten sie Fehler. Zum Beispiel aßen sie jeden Tag nur ein Stück Obst – eine Mango, eine Guave oder eine Steinfrucht. In manchen Schilderungen heißt es, Siddhartha habe nur ein Sesamkorn pro Tag gegessen. Aber ich habe diesen Wald in Indien, in dem er zu jener Zeit gelebt haben soll, besucht, und ich weiß, dass dies so nicht stimmen kann, denn es gibt dort keine Sesamkörner. Ich habe auch den Anoma-Fluss, in dem er häufig badete, und den Bodhibaum, unter dem er saß und zum Buddha wurde, aufgesucht. Dieser Bodhibaum heute ist der Ur-Ur-Ur-Enkel des ersten Bodhibaumes.

Eines Tages war Siddhartha so schwach, dass er nicht mehr praktizieren konnte, und da er ein intelligenter, junger Mann war, beschloss er, ins Dorf zu gehen und etwas zu essen zu holen – Bananen oder Kuchen oder irgendetwas. Aber kaum hatte er vier oder fünf Schritte gemacht, wurde er ohnmächtig, weil er zu hungrig und zu schwach war. Er wäre fast gestorben, aber da entdeckte ihn ein Mädchen, das Milch ins Dorf brachte. Sie nahm eine Schale und flößte ihm etwas Milch in den Mund. Zunächst reagierte Siddhartha nicht, doch dann bewegten sich seine Lippen, und er begann, die Milch zu trinken. Er leerte die ganze Schale. Bald schon fühlte er sich sehr viel besser und setzte sich langsam auf. Er sah wunderschön aus; Siddhartha war ein sehr gutaussehender Mann. Heutzutage gibt es oft Statuen von ihm, die nicht sehr schön sind – manche zeigen ihn sogar als sehr grimmig, ohne das geringste Lächeln auf seinem Gesicht. Doch er erschien dem Mädchen als so schön, dass sie glaubte, er sei der Gott der Berge. Sie kniete nieder, um ihn anzubeten. Da streckte er seine Arme aus und bedeutete ihr, wieder aufzustehen. Und er sagte zu ihr: »Bitte gib mir noch eine Schale Milch.« Er spürte, wie wundervoll die Milch schmeckte und wie sie ihn stärkte, und er erkannte, dass wir nur dann erfolgreich meditieren können, wenn unser Körper kräftig genug ist. Überglücklich gab die junge Frau ihm noch eine Schale Milch. Danach fragte sie ihn, wer er sei. Er erzählte, dass er ein Mönch sei, der versuche, durch Meditation Mitgefühl und Verstehen zu vervollkommnen, um anderen zu helfen. Sie fragte, ob sie irgendetwas tun könne, um ihm dabei zu helfen, und Siddhartha sagte: »Kannst du mir jeden Mittag eine Schale Reis bringen? Das würde mir sehr helfen.« Von dem Tage an brachte sie ihm täglich etwas Reis, eingewickelt in Bananenblätter, und manchmal auch Milch.

Die anderen fünf Mönche, mit denen Siddhartha bisher praktiziert hatte, verachteten ihn nun und sahen in ihm einen Versager. »Lasst uns woanders hingehen und praktizieren. Er trinkt Milch und isst Reis. Er hat keine Ausdauer.«

Siddhartha ging es nun wieder gut. Tagein, tagaus meditierte er; seine Einsicht, sein Verstehen und sein Mitgefühl wuchsen beständig, und er kam wieder zu Kräften.

Eines Tages, nach einem Bad im Anoma-Fluss, spürte er, dass er nur noch ein einziges Mal sitzen müsse, um den Zustand vollkommener Erleuchtung zu erlangen. Als er sich nach der Gehmeditation wieder niedersetzen wollte, kam ein Büffelhirte vorbei. Vor 2500 Jahren zogen Büffel in Indien die Pflüge. Aufgabe eines Hirten war es, auf die Büffel aufzupassen, für sie zu sorgen, sie zu baden und Gras für ihr Futter zu schneiden.

Als der Büffelhirte Siddhartha so friedvoll gehen sah, mochte er ihn sofort. Manchmal mögen wir jemanden, ohne zu wissen, warum. Der Junge wollte etwas sagen, aber er war zu schüchtern. So näherte er sich Siddhartha vier- oder fünfmal, bevor er sagte: »Mein Herr, ich mag Sie sehr gern.« Siddharta schaute ihn an und sagte: »Ich mag dich auch.« Durch diese Antwort ermutigt, sagte der Junge: »Ich möchte Ihnen so gern etwas geben, aber ich habe gar nichts.« Und Siddhartha sagte: »Doch, du hast etwas, das ich gut brauchen kann. Du hast gerade sehr schönes grünes Gras geschnitten. Bitte gib mir einen Armvoll von dem Gras.« Der Junge war glücklich, dass er Siddhartha etwas geben konnte, und der dankte ihm sehr. Aus dem Gras machte Siddhartha sich eine Art Kissen.

Als er sich darauf niedersetzte, gelobte er: »Ich werde nicht aufstehen, bevor ich volle Erleuchtung erlangt habe.« Mit einer solchen Entschlossenheit meditierte er die ganze Nacht, und als der Morgenstern am Himmel aufging, war er zu einer vollständig erleuchteten Person geworden; ein Buddha mit der höchsten Fähigkeit, zu verstehen und zu lieben.

Der Buddha verweilte zwei Wochen an diesem Ort. Er lächelte und genoss es, still zu sitzen und zu atmen. Jeden Tag brachte ihm das Mädchen Reis, und auch der junge Büffelhirt besuchte ihn regelmäßig. Er lehrte die beiden, zu verstehen, zu lieben und wach zu sein.

Die meisten Erzählungen über das Leben des Buddha übergehen die zwei Wochen, die er in der Umgebung des Bodhibaums verbrachte. Zusammen mit dem jungen Mädchen und dem kleinen Büffelhirten praktizierte er auch langsame Gehmeditation.

Nach zwei Wochen erkannte der Buddha, dass er seine Einsicht und sein Mitgefühl mit anderen Menschen teilen müsste. So sagte er zu dem jungen Mädchen und dem Büffelhirten: »Es tut mir leid, aber ich werde euch nun verlassen. Wir sind so glücklich miteinander, aber ich muss mich künftig auch den Erwachsenen widmen.« Er dachte darüber nach, mit wem er nun sein Verstehen und sein Mitgefühl teilen könnte, und ihm fielen seine fünf Freunde ein, die mit ihm praktiziert hatten. Er wanderte einen ganzen Tag lang, um sie zu finden.

Als er sie schließlich traf, hatten sie gerade ihre nachmittägliche Meditation beendet. Sie saßen viel, und sie waren sehr, sehr mager geworden. Einer von ihnen sah den Buddha kommen und sagte zu den anderen: »Steht nicht auf, wenn er kommt. Geht nicht zum Tor, um ihn willkommen zu heißen. Holt auch kein Wasser, damit er seine Hände und Füße waschen kann. Er hat aufgegeben. Er aß Reis und trank Milch.« Aber als er näher kam, wirkte Siddhartha so überaus anziehend und so friedvoll, dass sie nicht anders konnten, als ihm Wasser anzubieten, so dass er seine Hände und Füße waschen konnte, und ihm einen besonderen Sitzplatz zu geben. Der Buddha sagte zu ihnen: »Freunde, ich habe einen Weg gefunden, um Verstehen und Liebe zu entwickeln. Setzt euch bitte nieder. Ich werde euch unterweisen.« Zunächst glaubten sie ihm nicht. Sie sagten: »Siddhartha, du hast aufgegeben, als wir zusammen praktiziert haben. Du hast Milch getrunken und Reis gegessen. Wie ist es möglich, dass du ein vollständig erleuchteter Mensch geworden bist? Bitte berichte uns davon. Wir können es einfach nicht glauben.« Der Buddha sagte: »Freunde, habe ich euch je belogen?« Tatsächlich hatte er nie jemanden belogen, und die fünf Freunde wussten das. Der Buddha gab nun seinen Freunden die erste Dharma-Unterweisung für Erwachsene: über das Leiden, die Ursachen des Leidens, die Beseitigung des Leidens und über den Weg dahin.

Ich habe viele Berichte über das Leben des Buddha gelesen. Für mich ist er ein Mensch wie Sie und ich. Manchmal zeichnen Künstler einen Buddha so, dass wir ihn nicht mehr als menschliches Wesen erkennen können. Er ist aber durch und durch ein Mensch gewesen. Ich habe viele Buddha-Statuen gesehen, aber nicht viele wirklich schöne und einfache. Wenn Sie je ein Bild vom Buddha malen wollen, setzen Sie sich zunächst einmal hin und atmen Sie fünf bis zehn Minuten lang; lächeln Sie, bevor Sie zum Stift greifen. Dann zeichnen Sie einen Buddha, schön, aber einfach, mit einem Lächeln. Und wenn Sie können, zeichnen Sie einige Kinder, die mit ihm sitzen. Der Buddha ist jung, nicht zu verbissen, nicht zu feierlich, mit einem ganz feinen Lächeln auf dem Gesicht.

Wenn wir sagen: »Ich nehme Zuflucht zum Buddha«, sollten wir wissen, dass auch »der Buddha Zuflucht zu mir nimmt«; denn ohne diesen Zusatz ist der erste Teil nicht vollständig. Der Buddha braucht uns, damit Erwachen, Verstehen und Liebe wirklich und nicht nur Konzepte sind. Sie müssen wirkliche Dinge sein, die eine tatsächliche Wirkung auf unser Leben haben. Immer wenn ich sage: »Ich nehme Zuflucht zum Buddha«, höre ich gleichzeitig: »Der Buddha nimmt Zuflucht zu mir.« Es gibt dazu auch einen passenden Vers, den wir auch rezitieren können, wenn wir etwas in die Erde einpflanzen.

Ich vertraue mich der Erde an,
die Erde vertraut sich mir an.
Ich vertraue mich dem Buddha an,
der Buddha vertraut sich mir an.

In diesem Vers identifiziere ich mich mit der Pflanze und vertraue mich der Erde an. Das ist wie die Zufluchtnahme zum Buddha. Die Pflanze nimmt Zuflucht zur Erde. Aber die Erde vertraut sich auch mir an, weil jedes Blatt, das niederfällt und sich zersetzt, den Boden anreichert. Wir wissen, dass die fruchtbare, nährstoffreiche Erdschicht dies der Vegetation verdankt. So, wie die Vegetation die Erde braucht, braucht die Erde auch die Vegetation, um sich als wunderschöner Planet auszudrücken. Wenn wir also sagen: »Ich vertraue mich der Erde an«, dann müssen wir, als Pflanze, auch sagen: »Die Erde vertraut sich mir an.« »Ich vertraue mich dem Buddha an, der Buddha vertraut sich mir an.« So wird es ganz klar, dass das Verstehen, die Weisheit und die Liebe Shakyamuni Buddhas uns brauchen, um wirklich existent und lebendig zu sein. Wir haben von daher eine sehr wichtige Aufgabe: Wir müssen Erwachen verwirklichen, Mitgefühl verwirklichen, Verstehen verwirklichen.

Wir sind alle Buddhas, weil nur durch uns Verstehen und Liebe Wirklichkeit werden. Thich Thanh Van wurde während seines Versuchs getötet, anderen Menschen zu helfen. Er war ein guter Buddha, weil er Zehntausenden von Menschen zu helfen vermochte. Durch ihn wurden Erwachen, Verstehen und Liebe real. So können wir ihn einen Buddha-Körper nennen, auf Sanskrit »Buddhakaya«. Es muss einen »Buddhakaya«, eine Verkörperung von erwachter Aktivität geben, damit der Buddhismus wirklich sein kann. Sonst ist Buddhismus nicht mehr als ein Wort. Thich Thanh Van war ein Buddhakaya. Auch Shakyamuni war ein Buddhakaya. Wenn wir erwachen, wenn wir verständnisvoll und liebevoll sind, ist jede und jeder von uns ein Buddhakaya.

Das zweite Juwel ist das Dharma. Dharma ist der Weg des Verstehens und Liebens, den der Buddha gelehrt hat – wie können wir verstehen und lieben, wie Lieben und Verstehen zu etwas Wirklichem machen? Bevor der Buddha diese Welt verließ, sagte er zu seinen Schülerinnen und Schülern:

»Ihr Lieben, mein physischer Körper wird morgen nicht mehr sein, aber mein Lehrkörper wird immer hilfreich gegenwärtig sein. Ihr könnt ihn als Lehrer ansehen, der euch nie verlässt. Das ist die Geburt des ›Dharmakaya‹.« Der Dharmakaya, der Körper der Lehre oder der Körper des Weges, ist die Lehre des Buddha, ist der Weg, wie wir Einsicht und Liebe zu verwirklichen vermögen.

Alles, was Ihnen helfen kann zu erwachen, hat Buddha-Natur. Wenn ich allein bin und ein Vogel ruft mich, kehre ich zu mir selbst zurück; ich atme, ich lächle, und manchmal ruft er mich noch einmal. Dann lächle ich wieder und sage zu dem Vogel: »Ich höre dich ja schon.« Nicht nur Töne, auch ein Anblick kann Sie erinnern, zu Ihrem wahren Selbst zurückzukehren. Morgens, wenn Sie Ihr Fenster öffnen und das Licht einströmen sehen, können Sie es als Ausdruck des Dharma erkennen, und es wird Teil des Dharmakaya. Deswegen sehen Menschen, die erwacht sind, die Manifestation des Dharma in allem. Ein Kieselstein, ein Bambus, das Weinen eines Babys, alles kann die Stimme des Dharma sein.

Eines Tages kam ein Mönch zu Tue Trung, dem berühmtesten buddhistischen Lehrer im Vietnam des 13. Jahrhunderts, einer Zeit der Blüte des Buddhismus in Vietnam. Der Mönch fragte ihn: »Was ist der reine, makellose Dharmakaya?«, und Tue Trung zeigte auf Pferdeäpfel am Wegesrand. Dies scheint eine recht respektlose Annäherung an den Dharmakaya, weil der Dharmakaya üblicherweise als »makellos« beschrieben wird. Es gibt aber letztlich gar keine Worte, um den Dharmakaya wirklich zu kennzeichnen. Wenn wir sagen, er sei makellos, rein, so heißt das nicht, dass er von unreinen Dingen getrennt ist. Die Wirklichkeit ist frei von allen Adjektiven, von rein oder unrein. Tue Trung wollte mit seiner Antwort den Geist des Mönchs aufrütteln, damit dieser einen Einblick in die tatsächliche Natur des Dharmakaya, jenseits seiner eigenen vorgefassten Meinungen, erlangen konnte. Lehrende sind gleichfalls Teil des Dharmakaya, weil sie uns helfen, wach zu sein. Die Art und Weise, wie sie wirken, ihr tägliches Leben leben, mit Menschen, Tieren und Pflanzen umgehen, hilft uns, Verstehen und Liebe in unserem Leben zu verwirklichen.

Es gibt viele Arten zu lehren: durch Worte, durch Bücher, mit Hilfe von Tonbandkassetten. Ein Freund von mir ist in Vietnam ein ziemlich bekannter Zen-Lehrer. Es können aber nicht so viele Leute zu ihm kommen, um ihn zu erleben. Deswegen nehmen sie seine Vorträge auf Kassetten auf, und er ist als Kassetten-Mönch bekannt geworden! Er lebt noch in Vietnam, aber die Regierung hat ihn gerade aus seinem Kloster verjagt. Deshalb musste er an einen anderen Ort gehen, um zu lehren. Er darf nicht in Ho-Chi-Minh-Stadt lehren, weil ihn zu viele Menschen aufsuchen würden. Und das will die Regierung verhindern. Aber auch, wenn er nicht lehrt, ist sein Dasein sehr hilfreich für uns, um wach zu sein; denn er ist Teil des Dharmakaya. Der Dharmakaya äußert sich nicht nur in Worten, in Klängen und Tönen. Er kann sich durch einfaches Dasein ausdrücken. Manchmal helfen wir mehr, wenn wir nichts tun, als wenn wir viel tun. Wir nennen das Nicht-Handeln. Es ist wie mit der Person, die in einem kleinen Boot bei stürmischer See Ruhe ausstrahlt. Sie muss nicht sehr viel tun, nur sie selbst sein – und die Situation kann sich ändern. Das ist auch ein Aspekt des Dharmakaya: nicht sprechen, nicht lehren, nur sein.

Das gilt nicht nur für Menschen, sondern auch für andere Wesen. Schauen Sie die Bäume in Ihrem Garten an. Eine Eiche ist eine Eiche. Das ist alles, was sie zu tun hat. Wenn eine Eiche weniger als eine Eiche ist, bekommen wir alle Schwierigkeiten. Deshalb predigt die Eiche das Dharma. Ohne etwas zu tun, ohne sozial aktiv zu sein, ohne zu predigen, ohne zu meditieren, ist die Eiche sehr hilfreich für uns alle, indem sie einfach da ist. Jedes Mal, wenn wir die Eiche ansehen, haben wir Vertrauen. Während des Sommers sitzen wir in ihrem Schatten und fühlen uns erfrischt, entspannt. Wir wissen, dass wir ohne die Eiche und alle anderen Bäume keine so gute Luft zum Atmen hätten.

Wir wissen auch, dass wir in unseren früheren Leben einmal Bäume waren. Vielleicht waren wir selbst eine Eiche. Die Menschen sind eine sehr junge Spezies – wir sind erst kürzlich auf der Erde erschienen. Davor waren wir Felsen, waren wir Gras, Mineralien, und später waren wir Einzeller. Wir waren Pflanzen, wir waren Bäume, und nun sind wir Menschen geworden. Wir müssen uns an unsere vergangenen Existenzen erinnern. Das ist gar nicht schwer. Setzen Sie sich einfach hin, atmen Sie und schauen Sie, und Sie können Ihre früheren Existenzen sehen. Wenn wir die Eiche anschreien, ist sie nicht beleidigt. Wenn wir die Eiche loben, wird sie nicht überheblich. Wir können das Dharma von der Eiche lernen; deshalb ist die Eiche Teil des Dharmakaya. Wir können von allem lernen, was um uns, in uns ist. Jeder Kieselstein, jedes Blatt, jede Blume predigt das Dharma.

Die Sangha ist die Gemeinschaft, die in Harmonie und Achtsamkeit lebt. Die Sangha braucht auch einen Körper, den Sanghakaya. Wenn Sie mit Ihrer Familie zusammen lächeln und atmen und dabei den Buddhakörper in sich und Ihren Kindern wahrnehmen, dann wird Ihre Familie zu einer Sangha. Wenn Sie eine Glocke haben, wird die Glocke Teil Ihres Sanghakaya, weil die Glocke Ihnen hilft zu praktizieren. Wenn Sie ein Meditationskissen haben, wird auch das Kissen Teil des Sanghakaya. Viele Dinge helfen uns zu praktizieren; die Luft hilft uns zu atmen. Ist ein Park oder ein Flussufer in der Nähe Ihrer Wohnung, können Sie dort Gehmeditation praktizieren. Sie können Ihren Sanghakaya entdecken, indem Sie einen Freund oder eine Freundin einladen, mit Ihnen zu üben, eine Teemeditation zu machen, mit Ihnen zu sitzen und mit Ihnen zusammen Gehmeditation zu üben.

Siddhartha, der künftige Buddha, begann Milch zu trinken, während er mit anderen übte, und die fünf Asketen, die mit ihm waren, verließen ihn. So machte er den Bodhibaum zu seinem Sanghakaya, ebenso wie den kleinen Büffelhirten, das Mädchen mit der Milch, den Fluss, die Bäume und die Vögel um ihn herum. In Vietnam leben viele Menschen in Umerziehungslagern. Sie haben keine Sangha. Sie haben kein Zen-Zentrum. Aber sie praktizieren. Sie müssen andere Dinge als Teil ihres Sanghakaya betrachten. Ich weiß von Menschen, die Gehmeditation in ihren Gefängniszellen praktizieren. Wir sollten unseren Sanghakaya einrichten, solange wir noch in der glücklichen Lage sind, so vieles dafür in unserer Umgebung zu finden. Ein Freund, eine Freundin, unsere Kinder, unser Bruder oder unsere Schwester, unser Haus, die Bäume in unserem Hinterhof, all dies kann Teil unseres Sanghakaya sein.

Buddhismus zu praktizieren, Meditation zu üben bedeutet für uns, heiter und glücklich, verständnis- und liebevoll zu sein. Auf diese Weise arbeiten wir für den Frieden und das Glück unserer Familie und unserer Gesellschaft. Wenn wir näher hinschauen, sind die Drei Juwelen in Wahrheit eins. In jedem von ihnen sind die anderen schon enthalten. Im Buddha ist Buddhaschaft, ist der Buddhakörper. Im Buddha ist der Dharmakörper, weil er ohne den Dharmakörper kein Buddha hätte sein können. Im Buddha ist der Sanghakörper, weil er mit dem Bodhibaum, mit den anderen Bäumen, den Vögeln und der Umgebung zusammen war. In einem Meditationszentrum haben wir einen Sanghakörper, weil dort der Weg des Verstehens und Mitgefühls praktiziert wird. Deshalb ist der Dharmakörper präsent, der Weg, die Lehre sind gegenwärtig. Aber die Lehre kann ohne das Leben und den Körper jedes Einzelnen von uns nicht wirklich werden. So ist auch der Buddhakaya stets gegenwärtig. Ohne Buddha und Dharma gibt es keine Sangha. Ohne Sie ist der Buddha nicht real, sondern nur eine Idee.

Ohne Sie kann Dharma nicht praktiziert werden. Es muss von jemandem praktiziert werden, sonst kann die Sangha nicht existieren. Darum hören wir, wenn wir sagen »Ich nehme Zuflucht zum Buddha«, ebenso: »Der Buddha nimmt Zuflucht zu mir.« »Ich nehme Zuflucht zum Dharma. Das Dharma nimmt Zuflucht zu mir. Ich nehme Zuflucht zur Sangha. Die Sangha nimmt Zuflucht zu mir.«

Empfindungen und Wahrnehmungen

Der buddhistischen Lehre zufolge bestehen menschliche Wesen aus fünf Daseinsfaktoren: aus Form, das heißt aus unserem Körper mit den fünf Sinnesorganen und dem Nervensystem; aus Empfindungen, aus Wahrnehmungen, aus Geistesformationen und aus Bewusstsein.

Tagtäglich haben wir viele Empfindungen. Manchmal sind wir glücklich, manchmal voller Sorgen, manchmal wütend, gereizt oder ängstlich; und diese Gefühle erfüllen unseren Geist und unser Herz. Ein Gefühl dauert eine Weile an, dann kommt ein anderes und wieder ein anderes – gleichsam ein Strom von Empfindungen, mit denen wir umgehen müssen. Meditation praktizieren bedeutet, jede Empfindung wahrzunehmen.

Die Abhidharma-Schriften über buddhistische Psychologie sprechen davon, dass es drei Arten von Empfindungen gibt: angenehme, unangenehme und neutrale. Wenn wir auf einen Dorn treten, haben wir ein unangenehmes Gefühl. Wenn uns jemand etwas Nettes sagt, zum Beispiel: »Sie sind sehr klug« oder »Sie sind sehr schön«, haben wir ein angenehmes Gefühl. Und es gibt neutrale Gefühle – Sie sitzen einfach da und empfinden weder Angenehmes noch Unangenehmes. Aber ein sogenanntes neutrales Gefühl kann zu einem sehr angenehmen werden. Wenn Sie in guter Weise sitzen, atmen und lächeln, können Sie sehr glücklich sein. Sitzen Sie einfach da und nehmen Sie wahr, dass es Ihnen gutgeht, dass Sie keine Zahnschmerzen haben, dass Ihre Augen Formen und Farben sehen können – ist das nicht wundervoll?

Manche Menschen arbeiten nur sehr ungern; sie leiden, wenn sie arbeiten müssen. Für andere ist es sehr unangenehm, wenn ihnen verboten wird, zu arbeiten, oder wenn sie nichts zu tun haben in ihrem Job.

Ich verrichte viele verschiedene Arbeiten. Und würde man mir verbieten, Bücher zu binden, im Garten zu arbeiten, Gedichte zu schreiben, Gehmeditation zu praktizieren oder Kinder zu unterrichten, wäre ich sehr unglücklich. Für mich ist Arbeit angenehm. Angenehm oder unangenehm – das hängt von unserer Sichtweise ab.

Wir nennen das Sehen ein neutrales Gefühl. Aber ein Mensch, der sein Augenlicht verloren hat, würde wohl fast alles geben, um wieder sehen zu können. Und wenn er es plötzlich könnte, wäre es für ihn vermutlich ein wundervolles Geschenk. Wir, die wir Augen haben, mit denen wir viele Formen und Farben sehen können, hadern oft und sind unglücklich. Wir können hinausgehen, Blätter, Blumen, Kinder und Wolken anschauen und glücklich sein.

Ob wir glücklich sind oder nicht, hängt von unserem Bewusstsein ab. Haben Sie gerade Zahnschmerzen, denken Sie, es werde Sie sehr glücklich machen, hätten Sie keine Zahnschmerzen. Aber sind Sie ohne Zahnschmerzen, sind Sie deshalb oft trotzdem nicht glücklich. Wenn Sie Achtsamkeit üben, werden Sie plötzlich feststellen, dass Sie sehr reich und sehr, sehr glücklich sind. Buddhismus zu praktizieren ist ein kluger Weg, Freude am Leben zu haben. Glück ist vorhanden. Bitte bedienen Sie sich. Alle von uns haben die Fähigkeit, neutrale Empfindungen in angenehme zu verwandeln, in sehr angenehme Empfindungen sogar, die lange Zeit andauern können. Das ist es, was wir während der Sitz- und Gehmeditation üben. Wenn Sie glücklich sind, wird es uns allen zugutekommen – allen Lebewesen, der ganzen Gesellschaft.

Vor der Meditationshalle in Zenklöstern gibt es oft auf einem Holzbrett eine vierzeilige Inschrift. Die letzte Zeile lautet: »Vergeude dein Leben nicht.« Unser Leben besteht aus Tagen und Stunden, und jede Stunde ist kostbar. Vergeuden wir unsere Stunden und unsere Tage? Vergeuden wir unser Leben? Dies sind wichtige Fragen. Buddhismus zu praktizieren bedeutet, in jedem Moment lebendig zu sein. Wenn wir meditieren im Sitzen oder Gehen, haben wir die Möglichkeit, vollkommen dabei zu sein. Auch während des restlichen Tages praktizieren wir. Es ist schwieriger, aber es ist durchaus möglich. Die Meditation im Sitzen und Gehen muss ausgedehnt werden auf die Momente unseres Tages, in denen wir nicht sitzen und gehen. Das ist das Grundprinzip der Meditation.

Wahrnehmung schließt unsere Ideen und Konzepte über die Wirklichkeit mit ein. Wenn Sie einen Bleistift anschauen, nehmen Sie ihn wahr, aber der Bleistift selbst kann ganz anders sein als der Bleistift in Ihrem Kopf. Wenn Sie mich anschauen, kann ich sehr unterschiedlich sein von dem, wie Sie mich wahrnehmen. Wir brauchen eine direkte Begegnung, um wirklich korrekt wahrzunehmen.

Wenn Sie den nächtlichen Himmel betrachten, sehen Sie vielleicht einen schönen Stern und lächeln ihm zu. Aber der Stern ist vielleicht gar nicht mehr da, weil er vor zehn Millionen Jahren erlosch. Also ist unsere Wahrnehmung nicht korrekt. Wenn wir einen wunderschönen Sonnenuntergang sehen, sind wir glücklich, weil wir glauben, die Sonne sei jetzt bei uns. In Wahrheit ging sie schon vor acht Minuten hinter dem Berg unter. Es dauert acht Minuten, bis der Sonnenstrahl unseren Planeten erreicht. Eine traurige Tatsache ist, dass wir die Sonne nie in der Gegenwart sehen. Wir sehen nur die Sonne der Vergangenheit. Stellen Sie sich einmal vor, Sie sehen beim Abendspaziergang eine Schlange auf dem Boden, und Sie schreien auf. Aber wenn Sie den Schein Ihrer Taschenlampe auf sie richten, entpuppt sie sich als Seil. Ihre Wahrnehmung war falsch. In unserem täglichen Leben haben wir viele falsche Wahrnehmungen. Wenn ich Sie nicht richtig verstehe, bin ich vielleicht ständig wütend auf Sie. Wir sind nicht fähig, einander wirklich zu verstehen, und das ist die Hauptquelle menschlichen Leidens.

Ein Mann ruderte an einem sehr nebligen Morgen sein Boot stromaufwärts. Plötzlich sah er ein anderes Boot stromabwärts kommen, das keinerlei Anstalten machte auszuweichen. Es trieb genau auf ihn zu. Er rief: »Vorsicht! Vorsicht!«, aber das Boot fuhr genau in seins hinein, das daraufhin fast sank. Der Mann war außer sich und begann, den Menschen im anderen Boot anzuschreien, ihm lautstark die Meinung zu sagen. Aber als er genau hinschaute, sah er, dass in dem anderen Boot überhaupt niemand war. Es stellte sich heraus, dass sich das Boot vom Ufer gelöst hatte und einfach stromabwärts trieb. All sein Ärger schwand, und er lachte und lachte. Sind unsere Wahrnehmungen nicht korrekt, können sie uns eine Menge unschöner Gefühle bereiten. Der Buddhismus lehrt, dass wir die Dinge genau anschauen und ihre wahre Natur verstehen müssen, damit wir nicht irregeleitet werden und uns in Leiden und negative Gefühle verrennen.

Der Buddha hat gelehrt, dass das eine so ist, weil

das andere so ist. Verstehen Sie? Weil Sie lächeln, bin ich glücklich. Das eine ist so, darum ist das andere so. Das wird Entstehen in Abhängigkeit genannt.

Stellen Sie sich vor, Sie und ich, wir seien Freunde (das hoffe ich tatsächlich). Mein Wohlergehen, mein Glück hängen sehr von Ihnen und Ihrem Wohlergehen ab; Ihr Glück hängt auch von mir ab. Ich bin verantwortlich für Sie, und Sie sind verantwortlich für mich. Alles, was ich falsch mache, müssen Sie erleiden, und alles, was Sie falsch machen, muss ich erleiden. Deshalb muss ich gut für mich sorgen, um gut für Sie sorgen zu können.

Im Pali-Kanon gibt es eine Geschichte über einen Vater und eine Tochter, die im Zirkus auftreten. Der Vater setzt ein langes Bambusrohr auf seine Stirn, und seine Tochter klettert bis an die Spitze des Rohres. Dafür gaben die Leute ihnen Geld, und sie konnten sich Reis und Curry kaufen. Eines Tages sagte der Vater zu seiner Tochter: »Meine liebe Tochter, wir müssen aufeinander aufpassen. Du musst auf deinen Vater aufpassen, und ich muss auf dich aufpassen, damit wir sicher sind. Unser Auftritt ist sehr gefährlich.« Denn wenn sie stürzte, könnten beide ihren Lebensunterhalt nicht mehr verdienen und müssten verhungern. »Meine Tochter, wir müssen aufeinander aufpassen, damit wir weiterhin unseren Lebensunterhalt verdienen können.«

Die Tochter war sehr klug. Sie entgegnete ihm: »Vater, du solltest es lieber so ausdrücken: Wir beide müssen jeweils auf uns selbst aufpassen, damit wir weiterhin unseren Lebensunterhalt verdienen können. Während der Vorstellung kümmerst du dich um dich, ausschließlich um dich selbst. Du bleibst ganz stabil, ganz aufmerksam. Das hilft mir. Und wenn ich beim Klettern gut auf mich aufpasse, klettere ich sehr vorsichtig und mache keine Fehler. So solltest du es sagen, Vater! Du passt gut auf dich auf, und ich passe gut auf mich auf. So können wir weiterhin unseren Lebensunterhalt verdienen.« Der Buddha gab der Tochter recht.

Also, wir sind Freunde, und unser Glück hängt von uns beiden ab. Demnach muss ich auf mich aufpassen, und Sie müssen auf sich aufpassen. So helfen wir einander. Das ist die richtige Einsicht. Wenn ich nur sage: »Tun Sie dies nicht, Sie müssen jenes tun«, ohne auf mich selbst aufzupassen, kann es nicht gutgehen. Ich muss mich um mich kümmern im Wissen, dass ich mitverantwortlich für Ihr Glück bin. Und wenn Sie es auch so machen, ist es gut. Das ist die Lehre des Buddha von der Wahrnehmung; sie basiert auf dem Prinzip des Entstehens in Abhängigkeit. Buddhismus ist im Grunde so einfach!

Der Buddha wies einen ganz besonderen Weg, damit wir das Objekt unserer Wahrnehmung verstehen können. Er sagte, um zu verstehen, müssen wir eins werden mit dem, was wir verstehen wollen. Das ist ein praktikabler Weg. Anfang der siebziger Jahre unterstützte ich ein Komitee für Waisenkinder, die Opfer des Vietnamkrieges geworden waren.

Aus Vietnam wurden uns die Anträge geschickt – Unterlagen, auf denen Name, Alter und Lebensbedingungen des Waisenkindes vermerkt waren und ein kleines Bild des Kindes beigefügt war. Wir sollten den Text aus dem Vietnamesischen ins Französische, Englische, Holländische oder Deutsche übersetzen, um Paten für die Kinder zu suchen, damit sie Essen und Schulbücher bekommen und in der Familie einer Tante, eines Onkels oder der Großeltern leben konnten. Die Familie wurde dafür dann vom Komitee finanziell unterstützt.

Jeden Tag habe ich geholfen, etwa 30 Anträge ins Französische zu übersetzen. Dabei schaute ich mir zunächst immer das Bild des Kindes an. Ich habe den Antrag zunächst gar nicht gelesen. Ich habe mir nur Zeit genommen, das Bild des Kindes anzuschauen. Gewöhnlich wurde ich schon nach 30 bis 40 Sekunden eins mit dem Kind. Wie oder warum – ich weiß es nicht, aber so war es immer. Dann nahm ich den Stift und übersetzte die Worte des Antrags. Hinterher erkannte ich, dass nicht ich den Antrag übersetzt hatte; es waren das Kind und ich – wir waren eins geworden. Wenn ich sein Gesicht anschaute, motivierte mich das; ich wurde das Kind, das Kind wurde ich – wir übersetzten zusammen. Es ist ganz natürlich. Sie brauchen nicht viel zu meditieren, um das zu können. Sie schauen einfach, erlauben sich, zu sein – dann werden Sie zum Kind, das Kind wird zu Ihnen. Dieses Beispiel illustriert die Art der Wahrnehmung, die der Buddha empfohlen hat. Um etwas zu verstehen, müssen Sie mit diesem Etwas eins werden.

Die französische Sprache kennt das Wort »comprendre«, das »verstehen«, »erkennen«, »begreifen« bedeutet. »Com« beinhaltet »eins sein«, »zusammen sein«, und »prendre« heißt »nehmen« oder »ergreifen«. Etwas zu verstehen bedeutet demnach, dieses Etwas zu ergreifen und damit eins zu sein. Die Inder haben ein wunderbares Beispiel: Wenn ein Salzkorn eine Vorstellung vom Salzgehalt des Meeres bekommen will, wirft es sich selbst ins Meer und wird eins mit ihm – und die Wahrnehmung ist vollkommen.

Heutzutage denken Atomphysiker in ähnlicher Weise. Wenn sie tief in die Welt der subatomaren Teilchen eintauchen, entdecken sie ihren eigenen Geist darin. Ein Elektron ist zuallererst einmal ihr Konzept von einem Elektron. Das Objekt ihres Studiums ist nicht von ihrem Geist getrennt. Ihr Geist ist darin vorhanden. Moderne Physiker halten nicht mehr am Konzept eines »Beobachters, der vom betrachteten Objekt getrennt ist« fest. Sie haben festgestellt, dass die frühere distanzierte Haltung in der modernen Naturwissenschaft nicht weiterführt. So haben sie den Begriff »Teilnehmer« eingeführt. Sie sind kein unabhängiger Beobachter, Sie sind Teilnehmende. Als ein solcher fühle auch ich mich immer, wenn ich einen Vortrag halte. Ich möchte nicht, dass die Zuhörenden draußen sind, nur beobachten, nur zuhören. Ich möchte, dass sie eins mit mir sind, praktizieren und atmen. Der Redende und die Zuhörenden müssen eins werden, damit richtige Wahrnehmung stattfinden kann. Nicht-Dualität heißt »nicht zwei«, aber »nicht zwei« heißt auch »nicht eins«. Deshalb sagen wir »nicht-dualistisch« statt eins. Denn wenn es eins gibt, gibt es zwei. Wenn Sie zwei vermeiden wollen, müssen Sie eins ebenso vermeiden.

Im Satipatthana Sutta, der grundlegenden Lehrrede des Buddha über Achtsamkeit, heißt es: »Der Praktizierende sollte so kontemplieren: über den Körper im Körper, über die Gefühle in den Gefühlen, über den Geist im Geiste, über die Objekte des Geistes in den Objekten des Geistes.« Die Worte sind klar. Die Wiederholung »Körper im Körper« soll nicht einfach die Bedeutung der Worte unterstreichen. Den Körper im Körper betrachten bedeutet, dass Sie nicht außerhalb des Körpers stehen, um ihn zu betrachten. Sie müssen eins damit sein, ohne Abstand zwischen Betrachter und Betrachtetem. Über den Körper im Körper kontemplieren bedeutet, den Körper nicht als Objekt der Betrachtung anzusehen. Sie müssen eins damit sein. Die Botschaft ist klar. Nicht-Dualität ist das Schlüsselwort für buddhistische Meditation.

Es reicht aber nicht, nur zu sitzen. Wir müssen gleichzeitig sein. Sein – aber was sein? Um zu sein, müssen Sie etwas sein, Sie können nicht einfach nichts sein. Um zu essen, müssen Sie etwas essen, Sie können nicht einfach nur essen. Gewahrsein bedeutet Gewahrsein von etwas. Ärgerlich sein bedeutet ärgerlich auf etwas sein. Zu sein bedeutet also, etwas zu sein – und dieses Etwas ist das, was geschieht: in Ihrem Körper, in Ihrem Geist, in Ihren Gefühlen und in der Welt.

Während Sie sitzen, sitzen Sie, und Sie sind. Was sind Sie? Sie sind das Atmen. Nicht nur die Person, die atmet; Sie sind das Atmen und das Lächeln. Es ist wie ein Fernsehgerät mit Tausenden von Kanälen. Wenn Sie Atmen einschalten, sind Sie das Atmen. Wenn Sie Wut einschalten, sind Sie Wut. Sie sind eins damit. Wut und Atmen sind nicht Dinge außerhalb Ihrer selbst. Sie betrachten sie, indem Sie eins mit ihnen werden.

Wenn ich wütend bin, ein Gefühl der Wut verspüre, wie kann ich darüber meditieren? Wie soll ich damit als intelligenter Mensch, als Buddhistin oder Buddhist umgehen? Wut ist nichts Fremdes, das ich bekämpfen oder herausoperieren lassen müsste. Ich weiß, dass die Wut ich ist und ich die Wut bin. Nicht-Dualität, nicht zwei. Ich muss meine Wut mit Fürsorge, mit Liebe, mit Zärtlichkeit, mit Gewaltlosigkeit behandeln. Weil die Wut ich ist, muss ich mich um meine Wut kümmern, so wie ich mich um einen jüngeren Bruder oder eine jüngere Schwester kümmern würde, mit Liebe, mit Fürsorge; denn ich selbst bin Wut, ich bin in ihr, ich bin sie. Im

Buddhismus sehen wir Wut, Hass und Gier nicht als Feinde, die es zu bekämpfen, zu zerstören, zu vernichten gilt. Wenn wir Wut vernichten, vernichten wir uns selbst. Dann verwandeln wir uns in ein Schlachtfeld, zerreißen uns in Teile. Wenn Sie in dieser Weise kämpfen, tun Sie sich selbst Gewalt an. Ohne Mitgefühl mit uns selbst werden wir auch keines für andere entwickeln. Wenn wir ärgerlich werden, muss uns bewusst sein: »Ich bin ärgerlich. Ärger ist in mir. Ich bin Ärger.« Das ist das Erste, was zu tun ist.

Sind wir leicht gereizt, reicht es meistens, die Gereiztheit wahrzunehmen, zu lächeln, einige Male ein- und auszuatmen und so die Verärgerung in etwas Positives, etwa Vergebung, Verständnis und Liebe, zu verwandeln. Gereiztheit ist destruktive Energie. Wir können sie nicht zerstören; wir können sie nur in konstruktive Energie umwandeln. Vergebung ist konstruktive Energie. Verständnis ebenso. Stellen Sie sich vor, Sie sind in der Wüste und haben nur ein Glas trübes Wasser. Das müssen Sie in klares Trinkwasser verwandeln. Sie können es ja nicht einfach fortschütten. Es ist viel zu kostbar. Also lassen Sie es sich eine Weile setzen, bis das Wasser klar ist. Weil wir die Wut sind, müssen wir Wut in eine Energie umwandeln, die eher konstruktiv ist. Das ist die Arbeit der Meditation.

Ich habe bereits von dem Jungen erzählt, der wütend auf seine kleine Schwester war, aber dann herausfand, dass sie Fieber hatte; da verstand er, sorgte sich und versuchte ihr zu helfen. So wird die destruktive Energie der Wut durch Verstehen in die Energie der Liebe verwandelt. Meditation über unsere Wut bedeutet zunächst, sie wahrzunehmen – ich bin die Wut – und dann tief in die Natur der Wut hineinzuschauen. Wut wird aus Unwissenheit geboren und ist ihr starker Verbündeter.

Wahrnehmungen umfassen das Wahrnehmen unseres Körpers, unserer Gefühle, unseres Geistes, der Natur und der Gesellschaft. So sollten wir die Eiche umfassend wahrnehmen, um ihre Buddha-Natur, ihre Funktion als Dharma-Lehrerin zu erkennen. Wir müssen unser politisches und ökonomisches System korrekt wahrnehmen, um zu sehen, was falschläuft. Wahrnehmung ist sehr wichtig für unser Wohlbefinden, für unseren Frieden. Wahrnehmung sollte frei von Gefühlen und Unwissenheit, frei von Illusionen sein. Im Buddhismus wird Wissen als Hindernis für Einsicht betrachtet. Wie ein Eisblock, der das Wasser daran hindert zu fließen. Wir müssen stets bereit sein, unsere Sicht der Dinge aufzugeben, damit sie sich uns enthüllen.

Der Buddha hat dazu eine Geschichte erzählt. Ein junger Witwer, der seinen fünfjährigen Sohn sehr liebte, war auf einer Geschäftsreise. Banditen kamen, brannten das ganze Dorf nieder und nahmen seinen Sohn mit. Als der Mann zurückkehrte, sah er nur noch die Ruinen und war außer sich. Er hielt die verkohlte Leiche eines Kindes für sein eigenes und begann, sich die Haare zu raufen, sich an die

Brust zu schlagen und hemmungslos zu weinen. Er ließ eine Einäscherungszeremonie abhalten, sammelte die Asche und füllte sie in einen wunderschönen Samtbeutel. Beim Arbeiten, Schlafen und Essen hatte er diesen Beutel stets dabei.

Eines Tages gelang es seinem Sohn, den Räubern zu entfliehen und den Weg nach Hause zu finden. Er erreichte die neue Hütte seines Vaters um Mitternacht und klopfte an die Tür. Der junge Vater saß in der Hütte mit dem Beutel voller Asche und weinte. Er fragte: »Wer ist da?« Das Kind antwortete:

»Ich bin's, Vater. Öffne die Tür, ich bin es, dein Sohn.« In seinem aufgewühlten Gemütszustand dachte der Mann, dass sich ein Spitzbube über ihn lustig machte, und er schrie das Kind an, es solle weggehen – und weinte weiter. Der Junge klopfte wieder und wieder, aber der Vater weigerte sich, ihm zu öffnen. Einige Zeit verstrich, und schließlich ging das Kind fort. Vater und Sohn sahen sich nie wieder. Wenn der Buddha diese Geschichte erzählte, sagte er:

»Irgendwann einmal erscheint Ihnen irgendetwas als Wahrheit. Wenn Sie dann daran sehr festhalten, öffnen Sie die Tür selbst dann nicht, wenn die Wahrheit in Person kommt und an Ihre Tür klopft.«

Wissen zu bewachen ist kein gutes Mittel, um zu verstehen. Verstehen heißt, Ihr Wissen über Bord zu werfen. Das Wissen zu transzendieren, darüber hinauszugelangen, darauf kommt es an. Wie auf einer Leiter etwa: Auf der fünften Stufe denken Sie vielleicht, Sie seien schon sehr hoch; aber dann werden Sie die sechste erst gar nicht erklimmen wollen. Die Kunst besteht darin, immer wieder loszulassen. Der buddhistische Weg des Verstehens liegt darin, dass wir stets von neuem unsere Ansichten und unser Wissen loslassen, um darüber hinauszugelangen. Das ist sehr wichtig. Deshalb gebrauche ich gern das Bild vom Wasser, wenn ich über Verstehen rede. Wissen ist fest; es blockiert den Weg des Verstehens. Wasser kann fließen, kann überallhin gelangen.

Meditation

Meditation bedeutet nicht, aus der Gesellschaft auszusteigen, der Gesellschaft den Rücken zu kehren, sondern sich auf ein verstärktes Engagement für die Gesellschaft vorzubereiten. Wir nennen das »engagierten Buddhismus«. Wenn wir in ein Meditationszentrum gehen, haben wir vielleicht den Eindruck, dass wir alles hinter uns lassen – Familie, Gesellschaft und all die damit verbundenen Komplikationen – und als Individuen dort praktizieren und nach Frieden suchen. Schon das ist eine Illusion; denn im Buddhismus gibt es so etwas wie ein Individuum gar nicht.

So wie ein Stück Papier ein Produkt, die Kombination vieler Elemente ist, die wir Nicht-Papier-Elemente nennen können, so besteht das Individuum aus Nicht-Individuum-Elementen. Wenn Sie ein Dichter sind, werden Sie klar sehen, dass eine Wolke in diesem Stück Papier dahinzieht. Ohne Wolke gibt es kein Wasser; ohne Wasser können die Bäume nicht wachsen, und ohne Bäume können Sie kein Papier herstellen. Also ist die Wolke im Papier enthalten. Die Existenz dieser Buchseite hängt ab von der Existenz einer Wolke. Papier und Wolke sind sich sehr nahe. Denken wir an andere Dinge, zum Beispiel an den Sonnenschein. Sonnenschein ist sehr wichtig, weil der Wald ohne Sonnenschein nicht wachsen kann; auch wir Menschen können ohne Sonne nicht gedeihen. Der Holzfäller braucht Sonne, um den Baum zu fällen, und der Baum braucht Sonne, um ein Baum zu sein. Deshalb können Sie in diesem Stück Papier den Sonnenschein sehen. Und wenn Sie tiefer hineinschauen, mit den Augen eines Bodhisattva, mit den Augen eines oder einer Erwachten, sehen Sie nicht nur die Wolke und die Sonne darin, sondern Sie erkennen, dass alles darin enthalten ist: der Weizen, der zum Brot für den Holzfäller wurde, des Holzfällers Vater – alles ist in diesem Stück Papier.

Das Avatamsaka-Sutra zeigt deutlich, dass es nichts gibt, das ohne Verbindung zu diesem Stück Papier wäre. Deshalb sagen wir: »Ein Stück Papier ist aus Nicht-Papier-Elementen hergestellt.« Eine Wolke ist ein Nicht-Papier-Element. Der Wald ist ein Nicht-Papier-Element. Sonnenschein ist ein Nicht-Papier-Element. Das Papier besteht ganz und gar aus all diesen Nicht-Papier-Elementen, so dass es vollkommen leer ist, wenn wir die Nicht-Papier-Elemente zu ihren Ursprüngen zurückführen: die Wolke zum Himmel, den Sonnenschein zur Sonne, den Holzfäller zu seinem Vater. Leer von was? Leer von einem eigenständigen, abgetrennten Selbst. Das Papier ist aus all den Nicht-Selbst-Elementen und Nicht-Papier-Elementen entstanden; wenn man all diese Nicht-Papier-Elemente wegnimmt, dann ist es tatsächlich leer von einem unabhängigen Selbst. Leer in diesem Sinne bedeutet, dass das Papier aus allem besteht, dem gesamten Kosmos. Die Existenz dieses kleinen Stück Papiers beweist das Vorhandensein des gesamten Kosmos.

Ebenso besteht das Individuum aus Nicht-Individuum-Elementen. Wie können Sie also erwarten, alles hinter sich zu lassen, wenn Sie in ein Meditationszentrum gehen? Das Leiden, das Sie in Ihrem Herzen tragen, hat doch mit der Gesellschaft zu tun; das alles, die Gesellschaft, bringen Sie ja mit. Sie nehmen uns alle dorthin mit. Wenn Sie meditieren, tun Sie es nicht nur für sich selbst, sondern für die ganze Gesellschaft. Sie suchen Lösungen für Ihre Probleme, aber nicht nur für sich, sondern für uns alle.

Manchmal spricht man von Blättern als Kinder des Baumes. Ja, sie sind Kinder des Baumes, von ihm geboren, aber sie sind auch Mütter des Baumes. Die Blätter vereinigen Saft, Wasser und Mineralien mit Sonne und Sauerstoff und verwandeln alles in einen reichhaltigen nährenden Saft für den Baum. So werden die Blätter zur Mutter des Baumes. Wir alle sind Kinder der Gesellschaft, aber wir sind auch Mütter. Wir müssen auch die Gesellschaft nähren. Sind wir aber entwurzelt, können wir die Gesellschaft nicht zum Besseren wandeln, damit wir und unsere Kinder gut darin leben können. Die Blätter sind mit dem Baum durch einen Stamm verbunden. Der Stamm ist sehr wichtig.

In unserer Gemeinschaft habe ich viele Jahre lang im Garten gearbeitet, und ich weiß, dass es manchmal schwierig ist, Ableger zu verpflanzen. Manche Pflanzen lassen sich nicht leicht umsetzen, und wir benutzen eine Art pflanzliches Hormon, um ihnen zu helfen, leichter Wurzeln im Boden zu schlagen. Ich frage mich, ob es wohl eine Art Pulver gibt, etwas, das durch Meditation gefunden werden kann – eine Hilfe für entwurzelte Menschen, um wieder in der Gesellschaft Fuß zu fassen. Meditation ist keineswegs eine Flucht aus der Gesellschaft. Meditation bedeutet, sich selbst mit der Fähigkeit auszustatten, sich so in die Gesellschaft zu integrieren, dass das Blatt den Baum nähren kann.

In einigen Meditationszentren ist aber Folgendes geschehen: Etliche junge Leute sind krank an dieser Gesellschaft geworden. Also stiegen sie aus und wollten in einem Meditationszentrum leben. Ihnen war nicht klar, dass sie nicht als Individuen in ein Meditationszentrum kommen. In einem solchen Zentrum bilden sie ja auch eine Art Gesellschaft. Da gibt es Probleme genauso wie in anderen Gemeinschaften. Bevor sie in das Zentrum kamen, hatten sie gehofft, durch Meditation Frieden zu finden. Nun zeigte sich aber, dass es hier noch viel schwieriger war als in der Gesellschaft draußen. Lauter entfremdete Menschen! Nach einigen Jahren fühlten sie sich frustriert, schlechter noch als vorher. Wenn es uns so geht, bedeutet es, dass wir Meditation missverstehen; wir missverstehen den Zweck der Meditation. Meditation soll allen dienen und nicht nur der Person, die meditiert.

Es ist schön, wenn auch Kinder in einem Meditationszentrum willkommen sind. In Plum Village praktizieren Kinder gemeinsam mit Erwachsenen. Von Zeit zu Zeit öffnen wir die Tore, damit Gäste zu uns kommen und mit uns praktizieren können, auch zusammen mit ihren Kindern. Wir kümmern uns besonders um die Kinder. Wenn sie glücklich sind, sind die Erwachsenen glücklich. Eines Tages hörte ich zufällig, wie ein Kind zu anderen sagte: »Wie kommt es, dass unsere Eltern hier so nett sind?«

Ich habe einen Freund, der seit vierzehn Jahren meditiert, es aber nie seiner Tochter gezeigt hat. Sie können aber nicht allein, nur für sich meditieren. Sie müssen es mit Ihren Kindern tun. Wenn Ihre Kinder nicht glücklich sind, nicht lächeln, dann können auch Sie nicht lächeln. Wenn Sie einen friedvollen Schritt tun, ist das für Sie, aber es ist auch für die Kinder, ja, für die ganze Welt.

Es scheint mir sehr schwierig zu sein, in unserer Gesellschaft zu leben. Wenn wir nicht aufpassen, werden wir entwurzelt, und dann haben wir keine Möglichkeit, die Gesellschaft besser und lebenswerter zu gestalten. Meditation ist ein Weg, der uns hilft, in der Gesellschaft zu bleiben. Das ist sehr wichtig. Wir haben Menschen gesehen, die der Gesellschaft so entfremdet sind, dass sie sich nicht mehr eingliedern können. Wir wissen, dies kann auch uns geschehen, wenn wir nicht achtsam sind.

Ich weiß, dass viele Praktizierende im Westen zum Buddhismus nicht durch das Tor des Glaubens, sondern durch das Tor der Psychologie gelangt sind. Ich weiß, dass Menschen in der westlichen Welt in großem Umfang psychisch leiden; deswegen werden viele von ihnen Buddhisten. Sie meditieren, um ihre psychischen Probleme zu lösen. Viele sind noch in die Gesellschaft eingebunden, aber einige sind entwurzelt. Ich lebe nun selbst schon recht lange in dieser Gesellschaft und spüre, dass ich mit dem vorherrschenden Lebensstil nicht gut zurechtkomme. Es gibt so viel, was mich wünschen lässt, mich ganz zurückziehen, zu mir selbst zurückkehren zu können. Aber mein Praktizieren hilft mir, in der Gesellschaft zu bleiben; denn mir ist bewusst, dass ich die Gesellschaft nicht zu ändern vermag, wenn ich sie verlasse. Ich hoffe, dass diejenigen, die Buddhismus praktizieren, es schaffen, mit beiden Füßen auf dem Boden der Realität zu bleiben, in der Gesellschaft – als eine Hoffnung für den Frieden.

Im Alter von 27 oder 28 Jahren habe ich ein Gedicht geschrieben über einen Bruder, der so sehr litt, dass er sich aus der Gesellschaft zurückzog und in ein Meditationszentrum ging. Da der buddhistische Tempel ein Ort des Mitgefühls ist, hießen ihn dort alle willkommen. Wenn jemand neu ankommt und sehr leidet, wird ihm oder ihr erst einmal Trost entgegengebracht. Die Menschen im Tempel waren so mitfühlend, ihn aufzunehmen und ihm Raum zum Weinen und Klagen zu geben. Wie lange, wie viele Tage, wie viele Jahre brauchte er wohl zum Weinen? Wir wissen es nicht. Schließlich entschied er sich, auf Dauer im Meditationszentrum zu bleiben; er wollte nicht in die Gesellschaft zurückkehren. Er hatte genug von ihr. Er dachte, nun habe er endlich etwas Frieden gefunden; doch eines Tages ging ich hin und brannte seinen Meditationsraum, nur eine kleine Hütte, nieder – sein letztes Refugium! Es schien ihm, als hätte er nichts mehr außerhalb dieser kleinen Hütte. Wohin sollte er gehen, da er ja nicht mehr zur Gesellschaft gehörte? Er war auf der Suche nach seiner eigenen Befreiung gewesen, aber aus Sicht des Buddhismus gibt es kein individuelles Selbst. Wir wissen doch, dass wir all die Narben, all die Wunden, die uns die Gesellschaft zugefügt hat, in ein Zentrum mitbringen – genauso bringen wir auch die Gesellschaft mit. Im folgenden Gedicht bin ich dieser junge Mann und zugleich auch die Person, die kam und die Hütte niederbrannte.

Wenn du mich fragst, wie viel ich will,
werde ich dir sagen, ich will alles.
Du und ich
und alle Menschen
treiben heute Morgen in den wundervollen
Strom
des Eins-Seins hinein.

Wir sind kleine Mosaiksteine der Phantasie
und haben eine weite Reise getan, um uns
selbst zu finden.
Inmitten des Dunkels erkennen wir die
Illusion,
wir könnten als Einzelne Befreiung erlangen.
Heute Morgen kam mein Bruder zurück nach
langem Abenteuer.
Da kniet er vor dem Altar,
Tränen in den Augen.
Seine Seele hält nach einer Küste Ausschau,
will endlich vor Anker gehen
(eine Sehnsucht, die ich selbst einst kannte).
Lass ihn dort nur knien und weinen.
Er soll sich die Seele aus dem Leib schluchzen.
Gegönnt sei ihm Zuflucht für tausend Jahre –
Zeit genug, alle Tränen zu trocknen.

Eines Tages aber werde ich kommen
und sein Obdach in Brand setzen, diese kleine
Hütte am Berg.
Mein Feuer wird alles zerstören,

sein einziges Floß nach dem Schiffbruch ihm nehmen.

In äußerster Seelennot
wird seine Schale aufbrechen.
Der Feuerschein der brennenden Hütte
wird seine glorreiche Befreiung bezeugen.
Ich aber warte auf ihn
neben der brennenden Hütte,
während mir Tränen über die Wangen laufen.
Dort werde ich stehen und sein neues Dasein betrachten.
Und während ich seine Hand in der meinen halte,
frage ich ihn, wie viel er will.
Er antwortet mit einem Lächeln: alles!
– so wie einst ich.

Für mich ist ein Meditationszentrum ein Ort, an dem wir zu uns selbst zurückkehren. Hier können wir eine klarere Einsicht in die Wirklichkeit, größere Festigkeit in Weisheit und Liebe entwickeln. So bereiten wir uns vor, wieder in das gesellschaftliche Leben zurückzukehren. Anderenfalls wäre es kein richtiges Meditationszentrum. Wir entwickeln wirkliches Verstehen und können so in der Gesellschaft einen sinnvollen Beitrag leisten.

Wir teilen unser Leben in lauter Einzelbereiche auf. Praktizieren wir Sitz-Meditation, erscheint uns diese Zeit völlig anders als die, in der wir nicht sitzen. Im Sitzen praktizieren wir intensiv – ganz anders aber, wenn wir nicht sitzen. Im Grunde üben wir dann intensiv das Nicht-Praktizieren. Eine Mauer scheint beides zu trennen, Üben und Nicht-Üben. Praktizieren gehört zur Übungsperiode und Nicht-Praktizieren zur Nicht-Übungs-Periode. Wie können wir beide verbinden? Wie die Meditation aus der Meditationshalle heraus in Küche und Büro bringen? Wie kann das Sitzen die Zeit des Nicht-Sitzens beeinflussen? Gibt die Ärztin Ihnen eine Spritze, so soll die nicht nur Ihrem Arm helfen, sondern dem ganzen Körper. Wenn Sie täglich eine Stunde meditieren, dann sollte diese eine Stunde für die gesamten 24 Stunden gut und nutzbringend sein und nicht nur für diese Stunde. Ein Lächeln, ein Atemzug sollten den ganzen Tag positiv beeinflussen, nicht nur diesen einen Moment. Wir müssen so üben, dass es keine Grenzen mehr zwischen Üben und Nicht-Üben gibt.

Beim Gehen in der Meditationshalle setzen wir die Schritte sorgfältig, sehr langsam. Aber auf dem Weg zum Flughafen sind wir eine ganz andere Person. Wir gehen völlig anders, achtloser. Wie können wir am Flughafen und auf dem Markt praktizieren? Das ist engagierter Buddhismus. Engagierter Buddhismus bedeutet nicht nur, den Buddhismus zur Lösung sozialer und politischer Probleme zu nutzen oder gegen Bomben und soziale Ungerechtigkeit zu protestieren. Vor allem müssen wir den Buddhismus in unser tägliches Leben bringen. Ich habe eine Freundin, die zwischen Telefongesprächen bewusst atmet, und es hilft ihr sehr. Ein Freund praktiziert Gehmeditation zwischen seinen Geschäftsterminen, indem er achtsam durch die Straßen im Geschäftsviertel von Denver geht. Passanten lächeln ihm zu, und seine Besprechungen selbst mit schwierigen Gesprächspartnern verlaufen oft sehr angenehm und erfolgreich.

Wir sollten die Übung aus der Meditationshalle in unser tägliches Leben hineinzutragen lernen. Wie sollten wir sonst üben, unsere Gefühle, unsere Wahrnehmungen im Alltag genauer anzuschauen? Wir haben mit unseren Gefühlen und Wahrnehmungen doch nicht nur während des Sitzens zu tun, sondern die ganze Zeit über. Wir sollten miteinander darüber reden, wie wir das tun können. Atmen Sie bewusst zwischen Telefongesprächen? Lächeln Sie beim Möhrenschneiden? Entspannen Sie sich nach Stunden harter Arbeit? Diese Fragen sind sehr praxisnah. Wenn Sie wissen, wie Sie den Buddhismus zur Essenszeit, zur Schlafenszeit, in der Freizeit anwenden können, dann wird der Buddhismus in Ihrem Alltag sicher große Bedeutung erlangen. Dann wird er enormen Einfluss auf unsere sozialen Belange haben. Buddha, Dharma und Sangha werden zu alltäglichen Dingen, wichtig in jeder Minute, jeder Stunde unseres täglichen Lebens – nicht nur zu einer bloßen Bezeichnung für etwas, das in weiter Ferne liegt.

Unser Bewusstsein ist wie ein Strom von Gedanken und Gefühlen. Von Zeit zu Zeit ist es hilfreich, eine Gatha zu rezitieren, einen kurzen Vers, der uns daran erinnert, was geschieht. Wenn wir unseren Geist auf eine Gatha konzentrieren, ist in dem Moment die Gatha unser Geist. Die Gatha erfüllt für eine halbe Sekunde, für zehn Sekunden oder gar eine Minute unseren Geist; später folgt vielleicht eine weitere Gatha. Wenn ich schweigend eine Mahlzeit einnehme, kann ich vor dem Essen innerlich einen Vers sprechen. Ist der Teller leer, spreche ich eine andere Gatha und trinke eine Tasse Tee. Stellen Sie sich folgende intensive Übung vor: eine Stunde Sitz-Meditation, dann fünf Stunden Nicht-Sitzen, gefolgt von drei weiteren Stunden Sitzen. Wie verhält sich das Praktizieren zum Nicht-Praktizieren, der praktizierende zum nicht praktizierenden Geist? Sitzen ist wie eine Gatha, eine lange, stille Gatha – aber oft ist es auch gar nicht so still. Mein Hauptinteresse gilt der Wirkung einer Gatha auf den Bewusstseinszustand ohne Gatha.

Wer Auto fährt, braucht von Zeit zu Zeit Verkehrsschilder als Wegweiser. Schild und Straße sind eins; Sie sehen das Schild nicht nur da, wo es steht, sondern es begleitet Sie den ganzen Weg entlang bis zum nächsten Schild. Zwischen den Schildern und der Straße ist kein Unterschied. So sollte es sein, wenn wir die Gathas rezitieren und uns im Sitzen üben. Gathas helfen uns, zu uns selbst zurückzukehren; ist die Gatha beendet, geben wir uns weiter dem Strom des Geistes hin. Wenn wir die Einheit von Gathas und unserem übrigen Leben, von Schildern und Straße nicht erkennen, dann haben wir uns hermetisch abgeschottet; es gibt dann keinerlei Verbindung zwischen den Bereichen – sie ist einfach undurchdringlich. Zwischen dem Gatha-Zustand und dem Nicht-Gatha-Zustand besteht dann ein deutlicher Unterschied, wie zwischen Sitzen und Nicht-Sitzen.

Wie können sich Gathas auf Nicht-Gatha-Momente auswirken? Wie kann das Sitzen die Stunden des Nicht-Sitzens durchdringen? Wir müssen lernen, so zu üben, dass eine Gatha, eine Minute Sitzen den Rest des Tages beeinflussen; ein Schritt bei der Gehmeditation kann den ganzen restlichen Tag prägen. Jede Handlung, jeder Gedanke hat eine Wirkung. Selbst wenn ich nur in die Hände klatsche, ist die Wirkung überall, selbst in weit entfernten Galaxien, spürbar. Jedes Sitzen, jedes Gehen, jedes Lächeln hat Auswirkungen auf unser tägliches Leben – auf das Leben anderer. Darauf sollten wir unsere Praxis ausrichten.

Wenn wir Sitz- und Gehmeditation praktizieren, müssen wir der Qualität, nicht der Quantität des Sitzens und Gehens Aufmerksamkeit schenken. Wir müssen klug praktizieren und die Art der Übung wählen, die zu unseren Lebensumständen passt.

Ich möchte Ihnen dazu folgende Geschichte erzählen: Eine Frau praktiziert die Anrufung von Buddha Amitabha. Sie ist sehr streng und ruft ihn dreimal am Tage an; sie nimmt dazu eine Holztrommel und eine Glocke und ruft »Namo Amitabha Buddha« – jedes Mal eine Stunde lang. Hat sie ihn schließlich tausendmal angerufen, lädt sie die Glocke ein zu erklingen (wir sagen nicht, eine Glocke »schlagen« oder »läuten«, sondern sie einladen zu erklingen). Obwohl sie dies seit zehn Jahren tut, hat sich ihre Persönlichkeit dadurch nicht verändert. Sie ist immer noch ziemlich gemein und beschimpft ständig andere Menschen.

Ein Freund wollte ihr eine Lektion erteilen. So kam er eines Tages, als sie gerade das Räucherstäbchen entzündet, die Glocke eingeladen hatte, dreimal zu erklingen, und »Namo Amitabha Buddha« zu rufen begonnen hatte, an ihre Tür und rief: »Frau Nguyen! Frau Nguyen!« Sie fand das sehr ärgerlich; denn jetzt war doch gerade ihre Übungszeit. Aber der Mann rief weiter laut ihren Namen. So sagte sie sich: »Ich muss gegen meinen Ärger ankämpfen; ich ignoriere das einfach.« Und sie fuhr fort:

»Namo Amitabha Buddha, Namo Amitabha Buddha.«

Der Mann rief weiter ihren Namen, und ihre Wut wuchs und wuchs. Sie kämpfte dagegen an und fragte sich: »Soll ich die Anrufung unterbrechen und ihm ordentlich die Meinung sagen?« Aber sie fuhr fort und wehrte sich heftig gegen ihren Zorn. Hitze stieg in ihr auf, aber sie versuchte weiterhin, ihr »Namo Amitabha Buddha« zu rezitieren. Dem Mann war das natürlich klar, und er fuhr fort, »Frau Nguyen! Frau Nguyen!« zu rufen.

Schließlich konnte sie es nicht länger aushalten. Sie warf die Glocke und die Trommel hin, schlug lärmend die Zimmertür zu, eilte hinaus und rief: »Was soll das? Warum benehmen Sie sich so? Warum rufen Sie meinen Namen Hunderte von Malen?« Der Mann lächelte sie an und sagte: »Ich habe Ihren Namen gerade zehn Minuten lang gerufen, und Sie sind so ärgerlich. Sie haben Buddhas Namen zehn Jahre lang gerufen. Überlegen Sie einmal, wie wütend er inzwischen sein muss!«

Die Schwierigkeit ist nicht die, viel zu tun, sondern es richtig zu machen. Wenn wir Sitz- oder Gehmeditation praktizieren, sollten wir Wert auf Qualität, nicht auf Quantität legen. Dann werden wir freundlicher, netter, verständnis- und liebevoller. Wenn es beim Praktizieren nur um Quantität geht, sind wir kaum besser als Frau Nguyen. Ich denke, sie hat ihre Lektion gelernt und es von nun an besser gemacht.

Friedensarbeit

In der Zeit, als Tausende aus Vietnam flüchteten, erhielten wir in Plum Village in Frankreich viele Briefe aus den Flüchtlingslagern in Singapur, Malaysia, Indonesien, Thailand und den Philippinen, Hunderte jede Woche. Es tat sehr weh, sie zu lesen, aber wir mussten es tun, wir mussten in Kontakt bleiben. Wir gaben unser Bestes, um zu helfen, aber das Leid war riesengroß, und manchmal fühlten wir uns sehr entmutigt. Es hieß, die Hälfte der Boatpeople würde auf dem Meer sterben; nur 50 Prozent erreichten die Küsten Südostasiens.

Es gab viele junge Frauen, die während ihrer Flucht von Piraten vergewaltigt wurden. Obwohl die Vereinten Nationen und viele Länder versuchten, die Regierung von Thailand darin zu unterstützen, diese Art Piraterie zu verhindern, geschah weiterhin viel Leidvolles. Eines Tages erhielten wir einen Brief, der uns von einem Mädchen berichtete, das auf einem kleinen Boot von einem thailändischen Piraten vergewaltigt worden war. Sie war erst zwölf Jahre alt; nach der Vergewaltigung sprang sie ins Meer und brachte sich um.

Wenn Sie so etwas erfahren, werden Sie zunächst sicher Wut gegenüber dem Piraten empfinden. Sie stellen sich natürlich auf die Seite des Mädchens. Wenn Sie tiefer schauen, werden Sie es allmählich anders sehen. Stellen Sie sich auf die Seite des Mädchens, ist es einfach. Sie brauchen nur ein Gewehr zu nehmen und den Piraten zu erschießen. Aber das können wir nicht tun. Ich sah in der Meditation, dass ich selbst ein Pirat wäre, wenn ich in seinem Dorf geboren und unter denselben Bedingungen aufgewachsen wäre wie er. Es ist sehr wahrscheinlich, dass ich dann auch Pirat geworden wäre. Ich kann mich aber selbst nicht so einfach verdammen. In meiner Meditation habe ich gesehen, dass viele Kinder, Hunderte am Tag, entlang des Golfs von Siam geboren werden. Und wenn wir Erzieher und Sozialarbeiterinnen, Politiker und Politikerinnen nichts an der Situation ändern, werden in 25 Jahren eine Reihe von ihnen ebenfalls Piraten sein. Das ist gewiss. Wenn Sie oder ich heute in diesen Fischerdörfern geboren würden, wären wir möglicherweise in 25 Jahren auch Seepiraten. Wenn Sie ein Gewehr nehmen und den Piraten erschießen, erschießen Sie uns alle; denn wir alle sind in gewissem Umfang für diesen Zustand verantwortlich.

Nach einer langen Meditation habe ich das folgende Gedicht geschrieben. Darin gibt es drei Menschen: das zwölfjährige Mädchen, den Piraten und mich. Können wir uns in der anderen Person erkennen? Der Titel des Gedichts heißt: »Bitte nenne mich bei meinen wahren Namen« – denn ich habe so viele Namen. Wenn ich einen dieser Namen höre, muss ich »ja« sagen.

Sage nicht, dass ich morgen fortgehe,
denn ich komme doch heute gerade erst an.

Betrachte es ganz tief: Jede Sekunde komme
ich an,
sei es als Knospe an einem Frühlingszweig
oder als winziger Vogel mit noch zarten
Flügeln,
der im neuen Nest erst singen lernt,
ich komme als Raupe im Herzen der Blume
oder als ein Juwel, verborgen im Stein.

Ich komme stets gerade erst an, um zu lachen
und zu weinen,
mich zu fürchten und zu hoffen.
Der Schlag meines Herzens ist Geburt und
Tod
von allem, was lebt.

Ich bin die Eintagsfliege, die an der Wasser-
oberfläche
des Flusses schlüpft.
Und ich bin auch der Vogel,
der herabstürzt, um sie zu schnappen.

Ich bin der Frosch, der vergnüglich
im klaren Wasser eines Teiches schwimmt.
Und ich bin die Ringelnatter, die in der Stille
den Frosch verspeist.

Ich bin das Kind aus Uganda, nur Haut und
Knochen,
mit Beinchen so dünn wie Bambusstöcke;
und ich bin der Waffenhändler,
der todbringende Waffen
nach Uganda verkauft.

Ich bin das zwölfjährige Mädchen,
Flüchtling in einem kleinen Boot,
das von Piraten vergewaltigt wurde
und nur noch den Tod im Ozean sucht;
und ich bin auch der Pirat –
mein Herz ist noch nicht fähig, zu erkennen
und zu lieben.

Ich bin ein Mitglied des Politbüros
mit reichlich Macht in meinen Händen;
und ich bin der Mann, der seine »Blut-
schuld«
an sein Volk zu zahlen hat
und langsam in einem Arbeitslager stirbt.

Meine Freude ist wie der Frühling, so warm,
dass sie die Blumen auf der ganzen Erde
erblühen lässt.

Mein Schmerz ist wie ein Tränenstrom, so
mächtig,
dass er alle vier Meere auffüllt.

Bitte nenne mich bei meinen wahren Namen,
damit ich all mein Weinen und Lachen
zugleich hören kann,
damit ich sehe,
dass meine Freude und mein Schmerz eins sind.

Bitte nenne mich bei meinen wahren Namen,
damit ich erwache,
damit das Tor meines Herzens
von nun an offen steht –
das Tor des Mitgefühls.

Es gibt eine Zen-Erzählung über einen Mann, der in schnellem Galopp reitet. Ein anderer Mann am Wegesrand ruft ihm zu: »Wohin reitest du?« Der Reiter ruft zurück: »Ich weiß es nicht. Frag das Pferd!« Ich glaube, so ist auch unsere Situation. Wir reiten viele Pferde, die wir nicht kontrollieren können. Die zunehmende Aufrüstung ist zum Beispiel so ein Pferd. Wir haben unser Bestes getan, aber wir können diese Pferde nicht kontrollieren. Wir sind immer viel zu beschäftigt.

Im Buddhismus ist der wichtigste Grundsatz, bewusst und achtsam zu leben, zu wissen, was geschieht. Und nicht nur zu wissen, was *hier* geschieht, sondern auch, was *dort* geschieht. Wenn Sie beispielsweise ein Stück Brot essen, können Sie sich darüber klarwerden, dass unsere Bauern beim Anbau des Weizens viele giftige Chemikalien benutzen. Essen wir das Brot, sind wir in gewisser Weise mitverantwortlich für die Zerstörung der Umwelt. Wenn wir ein Stück Fleisch essen oder Alkohol trinken, sollten wir wissen, dass in der Dritten Welt täglich Zehntausende von Kindern verhungern und dass wir eine große Menge Getreide verbrauchen, um Fleisch oder Alkohol zu produzieren. Eine Schale Getreide zu essen statt Fleisch trägt dem Leiden in der Welt eher Rechnung. Ein französischer Experte für Wirtschaftsfragen hat mir erzählt, dass es ausreichen würde, 50 Prozent weniger Fleisch zu essen und Alkohol zu trinken, um die Situation in der Welt grundlegend zu verändern. Nur 50 Prozent weniger.

Wenn wir uns unseres Lebensstils, unserer Konsumgewohnheiten, unserer Betrachtungsweisen bewusst sind, können wir auch herausfinden, wie wir in jedem Augenblick etwas zum Frieden beitragen können. Nehmen wir die Sonntagszeitung zur Hand, können wir uns beispielsweise bewusstwerden, dass es sich um eine drei bis vier Pfund schwere Ausgabe handelt. Viele Bäume waren nötig, um solch eine Zeitung zu drucken. Wenn wir zur Zeitung greifen, sollten wir uns so etwas klarmachen. Sind wir wirklich achtsam, können wir etwas tun, um den Lauf der Dinge zu ändern.

In meinem Tempel war ich der erste Mönch, der Fahrrad fuhr. Zu dieser Zeit gab es keine Gathas, die man beim Fahrradfahren rezitieren konnte. Wir müssen aber klug praktizieren, um auf dem Laufenden zu bleiben. Deswegen habe ich auch eine Gatha geschrieben, die wir benutzen können, bevor wir das Auto anlassen. Ich hoffe, Sie können etwas damit anfangen:

Bevor ich das Auto anlasse, weiß ich,
wohin ich fahre.
Das Auto und ich sind eins.
Wenn das Auto schnell fährt,
fahre auch ich schnell.

Manchmal ist es gar nicht nötig, das Auto zu nehmen. Aber weil wir uns selbst entfliehen wollen, suchen wir nach Zerstreuung und gehen aus. Wenn wir rezitieren: »Bevor ich das Auto anlasse, weiß ich, wohin ich fahre«, kann es uns wie eine blitzartige Erkenntnis treffen. Wir erkennen, dass wir nirgendwohin zu fahren brauchen. Wohin wir auch gehen, wir nehmen uns selbst immer mit. Wir können uns nicht entfliehen. Manchmal ist es daher besser, den Motor wieder abzustellen und eine Gehmeditation zu machen. Das kann viel erfreulicher sein.

In den letzten Jahren sollen über drei Millionen Quadratkilometer Waldgebiet durch sauren Regen zerstört worden sein, auch durch unsere Autos.

»Bevor ich das Auto anlasse, weiß ich, wohin ich fahre« enthält eine sehr tiefe Frage: »Wohin fahre ich? Zu meiner eigenen Vernichtung?« Wenn die Bäume sterben, müssen die Menschen ebenfalls sterben. Wenn Bäume und Tiere nicht leben, wie können wir da leben?

»Das Auto und ich sind eins.« Wir haben den Eindruck, als seien wir die Handelnden und das Auto nur ein Instrument. Aber das ist nicht wahr. Mit dem Auto werden wir zu etwas anderem. Mit einem Gewehr in der Hand werden wir sehr gefährlich – mit einer Flöte hingegen angenehm. Mit all den Atombomben in ihrem Besitz ist die Menschheit die gefährlichste Gattung auf Erden geworden. Wir sollten daher aufpassen. Die grundlegende Verhaltensregel heißt, achtsam für das zu sein, was wir tun und was wir sind – in jeder Minute. Jede andere Regel ist nachrangig.

Wir müssen die Dinge tief ergründen, um sie wirklich zu erkennen. Wer im Fluss schwimmt und sich am klaren Wasser erfreut, sollte fähig sein, der Fluss zu sein. Eines Tages war ich zum Mittagessen mit einigen Freundinnen und Freunden an der Universität von Boston verabredet. Ich schaute zum Charles River hinunter. Ich war längere Zeit nicht hier gewesen und fand den Fluss wunderschön. Deshalb lief ich hinunter zum Fluss, um mein Gesicht zu waschen und meine Füße ins Wasser einzutauchen, wie es in Vietnam üblich war. Als ich zu den anderen zurückkehrte, sagte ein Professor: »Das ist eine sehr gefährliche Sache. Haben Sie Ihren Mund in dem Fluss ausgespült?« Als ich mit »ja« antwortete, sagte er: »Sie sollten zum Arzt gehen und sich eine Spritze geben lassen.«

Ich war schockiert. Ich wusste nicht, dass die Flüsse hier so verschmutzt sind. Man kann sie beinahe tote Flüsse nennen. In Vietnam werden die Flüsse manchmal sehr trübe, aber es ist nicht diese Art von Verschmutzung. Jemand hat mir erzählt, in manchen Flüssen Europas seien so viele Chemikalien, dass man darin Filme entwickeln könnte. Gelingt es uns, der Fluss zu sein mit den Ängsten und Hoffnungen eines Flusses? Wenn nicht, dann können wir auch nicht erwarten, Frieden zu finden. Wenn alle Flüsse und Seen tot sind, werden wir auch keine Freude am Schwimmen in Flüssen und Seen mehr erleben können.

Wenn Sie gern Berge besteigen und das Land oder den Wald lieben, dann wissen Sie, dass die Wälder unsere Lungen außerhalb unseres Körpers sind. Und doch haben wir bereits so viel Wald durch sauren Regen zerstört. Wir sind alle in unser kleines Selbst eingekerkert, denken nur an die Annehmlichkeiten für dieses kleine Selbst, während wir unser größeres Selbst zerstören. Eines Tages erkannte ich, dass die Sonne mein Herz ist, mein Herz außerhalb dieses Körpers. Wenn das Herz meines Körpers nicht mehr funktioniert, kann ich nicht überleben. Aber wenn die Sonne, mein anderes Herz, aufhört zu sein, muss ich ebenfalls sofort sterben. Wir müssen lernen, unser wahres Selbst zu sein. Das bedeutet, wir müssen Fluss und Wald sein. Nur so können wir verstehen und Hoffnung für die Zukunft entwickeln. Das ist die nicht-dualistische Betrachtungsweise.

Während des Vietnamkriegs haben wir jungen Buddhistinnen und Buddhisten uns organisiert, um den Kriegsopfern zu helfen, ihre von Bomben zerstörten Dörfer wieder aufzubauen. Viele von uns starben dabei, nicht nur durch Bomben und Gewehre, sondern auch durch Menschen, die uns verdächtigten, auf der anderen Seite zu stehen. Wir konnten die Leiden beider Seiten sehen, die der Kommunisten und der Antikommunisten. Wir versuchten, für beide offen zu sein, diese Seite und jene Seite zu verstehen, eins mit ihnen zu sein. Aus diesem Grunde haben wir nie Partei ergriffen, wo doch die ganze Welt Partei ergriff. Wir versuchten, den Menschen unsere Sicht der Situation klarzumachen: dass wir die Kämpfe beenden wollten. Aber die Bomben waren so laut. Manchmal mussten wir uns bei lebendigem Leib verbrennen, um unsere Botschaft deutlich zu machen, aber selbst dann konnte uns die Welt nicht hören. Viele meinten, wir unterstützten irgendeine politische Unternehmung. Sie erkannten nicht, dass es sich um rein humanitäre Taten handelte, um nur endlich gehört und verstanden zu werden. Wir wollten Versöhnung und keinen Sieg. Eine Arbeit unter solchen Umständen ist sehr gefährlich – wir wollten Menschen helfen, und dabei wurden viele von uns getötet. Die Kommunisten töteten uns, weil sie uns verdächtigten, mit den Amerikanern zusammenzuarbeiten, und die Antikommunisten töteten uns, weil sie dachten, wir seien auf Seiten der Kommunisten. Aber wir wollten nicht aufgeben und etwa nur eine Seite unterstützen.

Die Welt ist noch immer so. Die Menschen identifizieren sich vollständig mit einer Seite, einer Ideologie. Um das Leiden und die Furcht eines Menschen aus einem Land zu verstehen, dem unsere Nation feindlich gegenübersteht, müssen wir eins werden mit ihm. Das ist gefährlich – wir werden bei beiden Seiten in Verdacht geraten. Aber wenn wir das nicht tun, wenn wir uns der einen oder der anderen Seite anschließen, verpassen wir unsere Chance, für den Frieden zu arbeiten. Aussöhnung bedeutet, beide Seiten zu verstehen, der einen Seite die Leiden der anderen Seite zu beschreiben und umgekehrt. Allein nur das zu tun ist bereits eine große Hilfe für den Frieden.

Während eines Retreats im Providence Zen Center habe ich einen Teilnehmer gebeten, sich als jemand, der in einem Fluss schwimmt, darzustellen und dann als der Fluss. Er musste zum Fluss werden, um sich in der Sprache und den Gefühlen des

Flusses ausdrücken zu können. Danach sollte eine Frau, die schon einmal in der Sowjetunion gewesen war, sich zunächst als Amerikanerin ausdrücken und dann, nach einigen Atem- und Meditationsübungen, als Sowjetbürgerin, mit all ihren Ängsten und ihrer Hoffnung auf Frieden. Sie machte das wundervoll. Das sind Meditationsübungen zur Nicht-Dualität.

Die jungen Buddhistinnen und Buddhisten in Vietnam versuchten, diese Art der Meditation zu leben. Viele von ihnen starben dabei. Ich habe ein Gedicht für meine jungen Brüder und Schwestern darüber geschrieben, wie es möglich ist, gewaltlos und ohne Hass zu sterben. Das Gedicht heißt »Empfehlung«.

Versprich mir,
versprich mir heute,
versprich mir jetzt,
während die Sonne hoch am Himmel steht,
genau im Zenit –
versprich mir:
Auch wenn sie dich zu Boden schmettern
mit einem Berg aus Hass und Gewalt,
dich wie einen Wurm zertreten,
dich zerstückeln und niedermetzeln,
nicht zu vergessen, Bruder,
nicht zu vergessen:
Der Mensch ist nicht unser Feind.

Nur Mitgefühl ist deiner würdig,
unerschütterlich, grenzenlos, bedingungslos –
der Hass wird dir nicht helfen,
der Bestie im Menschen gegenüberzutreten.

Aber eines Tages, wenn du dieser
Bestie gegenübertrittst, allein,
mit unversehrtem Mut,
mit freundlichem, friedvollem Blick
(auch wenn niemand ihn sieht),
wird aus deinem Lächeln
eine Blume erblühen.
Und diejenigen, die dich lieben,
werden dich sehen
über zehntausend Welten von Tod und Geburt
hinweg.

Wieder allein,
schreite ich fort mit gebeugtem Haupt,
doch wissend um die Unsterblichkeit der Liebe.
Und auf dem langen, unebnen Weg
werden Sonne und Mond
weiterhin scheinen.

Meditation zu praktizieren bedeutet, um die Existenz von Leiden zu wissen. Die erste Dharma-Rede des Buddha handelte vom Leiden und dem Weg aus dem Leiden heraus. Wenn wir uns nur auf eine Seite stellen, können wir unsere Aufgabe der Versöhnung nicht erfüllen, können keinen Frieden herbeiführen.

In den Industrienationen werden viele Waffen produziert, um sie an Dritte-Welt-Länder zu verkaufen; dort bringen die Völker sich dann gegenseitig damit um. Dabei brauchen die Kinder und Erwachsenen in diesen Ländern eher Nahrungsmittel als tödliche Waffen. Aber niemand hat Zeit, sich eingehend mit dieser Problematik zu befassen und eine öffentliche Debatte über das Problem der Herstellung und des Verkaufs dieser Mordinstrumente zu führen. Jeder ist zu sehr mit den eigenen Problemen beschäftigt. Konventionelle Waffen haben in den letzten 30, 40, 50 Jahren sehr viele Menschen getötet. Wir unterliegen einem Irrtum, wenn wir nur an Atombomben denken, die explodieren könnten, und unsere Aufmerksamkeit nicht auch auf die Bomben richten, die derzeit tatsächlich an vielen Stätten der Welt explodieren.

Diese Waffen töten jeden Tag Menschen, überall auf der Welt. Wir nehmen uns aber nicht die Zeit, diese Situation wirklich klar zu erkennen. Deswegen sind wir nicht in der Lage, auf die Politik unserer Regierung Einfluss zu nehmen. Wir sind nicht stark genug, Druck auf die Regierungen auszuüben. Die Außenpolitik einer Regierung wird in großem Ausmaß vom Volk und seiner Lebenseinstellung bestimmt. Als Staatsbürgerinnen und -bürger tragen wir große Verantwortung. Wir glauben, dass die Regierung ihre Politik frei gestalten könne, aber diese Freiheit wird auch von unserem täglichen Leben bestimmt. Wenn wir der Regierung ermöglichen, ihre

Grundsätze zu ändern, wird sie es tun. Sie meinen vielleicht, Sie könnten tun, was Sie wollten, wenn Sie die Regierungsmacht hätten, aber das ist nicht wahr. Wären Sie an der Macht, würden Sie es wahrscheinlich genauso machen wie die gegenwärtigen Machthaber, ein bisschen besser oder ein bisschen schlechter.

Deshalb müssen wir die ganze Wahrheit sehen, die tatsächliche Situation. Unser Alltagsleben, das, was wir essen und trinken, all das hat mit der politischen Weltlage zu tun. Meditation bedeutet, tief in die Dinge hineinzuschauen, zu sehen, wie wir unsere Situation ändern und transformieren können. Unsere Situation zu transformieren bedeutet, unser Bewusstsein zu transformieren. Unser Bewusstsein zu transformieren bedeutet, unsere Situation zu transformieren, denn die Situation ist Bewusstsein, und Bewusstsein ist die Situation. Es ist wichtig, dass wir erwachen. Die Natur der Bombe, die Natur des Unrechts, die Natur der Waffen und die Natur unseres eigenen Wesens sind gleich. Das ist die wahre Bedeutung von engagiertem Buddhismus.

Seit 2500 Jahren gibt es in buddhistischen Klöstern ein System von sieben Übungen zur Versöhnung. Obwohl diese Techniken entwickelt wurden, um Streit innerhalb der Gemeinschaft von Mönchen und Nonnen zu schlichten, sind sie vielleicht auch in anderen Gemeinschaften und in unserer Gesellschaft von Nutzen.

Die erste Übung ist das Gegenübersitzen. Die ganze Gemeinschaft versammelt sich, atmet und lächelt, will helfen und unterstützen. Das ist die Grundlage. Die beiden streitenden Mönche oder Nonnen sind anwesend und wissen, alle erwarten von ihnen, dass sie Frieden schließen. Es herrscht eine friedvolle Atmosphäre. Die Gemeinschaft vermeidet, sich Gerüchte außerhalb der Versammlung anzuhören, Neuigkeiten über diesen oder jenen Mönch zu verbreiten oder das Verhalten dieses oder jenes Mönches zu kommentieren. Das wäre nicht hilfreich. Alles muss öffentlich, in der Gemeinschaft, gesagt werden. So sitzen sich die beiden Mönche gegenüber, atmen und, wenn es auch schwerfällt, lächeln.

Die zweite Übung ist die Erinnerung. Beide Mönche versuchen, sich an die ganze Geschichte des Konflikts, an jedes Detail, das damit in Zusammenhang steht, zu erinnern, während die gesamte Versammlung nur geduldig dasitzt und zuhört. »Ich erinnere mich, dass es an dem Tag geregnet hat. Ich ging in die Küche, und du warst da …« Es wird alles erzählt, woran sie sich erinnern. Das ist sehr wichtig, weil die Mönche sonst versuchen, vergangene Geschichten zurechtzurücken. Ein gemeinschaftliches Leben bedeutet, jeden Tag gewahr zu sein, was vor sich geht; ist man das nicht und geraten die Dinge aus dem Lot – dann ist es zu spät. Wenn die Gemeinschaft sich versammelt, weil zwei Mönche im Streit miteinander sind, ist der Konflikt schon eskaliert. Was die Vergangenheit betrifft, ist es jetzt nur noch sinnvoll zu versuchen, sich an möglichst viele Details zu erinnern.

Angenommen, zwei Menschen gehen eine Beziehung ein und leben dann ziemlich unachtsam miteinander; sie bekommen gar nicht mit, was in ihrem Unbewussten überhaupt vor sich geht. Ihre Gefühle und Vorstellungen schaffen eine gefährliche Situation. Manchmal spielen sich Dinge unter der Oberfläche ab, was später zu einer Explosion führen kann; dann ist es zu spät für einen guten Umgang mit den Problemen. Dann erscheinen Scheidung, Kampf oder im Extremfall gar Mord als die einzige Lösung. Meditation bedeutet ein Gewahrsein für die eigenen Gefühle, den Körper, die Vorstellungen, die Beziehung, die Familie und so weiter. Das ist für jede Lebensform wichtig. Die zweite Technik beinhaltet also Erinnerungsarbeit; je mehr Einzelheiten die Gemeinschaft kennt, desto einfacher ist es, zu helfen.

Die dritte Übung ist die Bereitschaft zur Versöhnung und zum gegenseitigen Verständnis. Die Gemeinschaft erwartet, dass die beiden Streitenden nicht eigensinnig sind, sondern ihr Möglichstes versuchen, um sich wieder zu versöhnen. Das Resultat ist nicht so wichtig. Wichtig ist vor allem, dass jeder ganz deutlich seine Bereitschaft zu Versöhnung und Verständnis zeigt. Wenn Sie Ihr Bestes geben, wirklich versuchen zu verstehen und anzunehmen, dann brauchen Sie sich um das Resultat nicht zu sorgen. Sie tun Ihr Bestes – das reicht. Ihr Gegenpart wird auch sein Bestes tun. Wichtig ist die Atmosphäre während der Versammlung. Die beiden Mönche wissen, dass sie sich positiv verhalten müssen, um weiter als Brüder anerkannt zu werden; alle haben hohe Erwartungen an sie.

Die vierte Übung nennt sich Schlamm mit Stroh bedecken. Auf dem Lande ist es nach einem Regenguss sehr schlammig. Wenn Stroh über den Schlamm ausgebreitet wird, kann man sicher darübergehen. Angesehene, erfahrene Mönche repräsentieren jeweils eine Seite im Konflikt. Sie sind darum bemüht, die Gefühle der Betroffenen zu beruhigen. Alles, was sie sagen, wird von den Mitgliedern der Gemeinschaft sehr ernst genommen. Der eine sagt etwas, das den einen Kontrahenten betrifft, das wird dem anderen helfen, mehr Verständnis für ihn zu entwickeln und die eigenen Gefühle – Ärger, Wut oder Widerstand – zu beruhigen. Darauf spricht der andere ältere Mönch im Interesse des zweiten am Streit Beteiligten, und zwar in einer solchen Weise, dass auch der erste sich besser fühlt. Auf diese Weise lösen sich die verhärteten Gefühle in den Herzen der beiden auf, und dies hilft ihnen, den von der

Gemeinschaft vorgeschlagenen Urteilsspruch zu akzeptieren. »Schlamm mit Stroh bedecken« – der Schlamm ist der Streit und das Stroh die liebende Güte des Dharma.

Die fünfte Übung ist das freimütige Bekennen. Jeder der beiden gesteht seine eigenen Fehler ein, ohne darauf zu warten, dass andere sie benennen. Wenn andere über Ihre Fehler reden, ist es für Sie schwieriger. Es tut gut und ist einfacher, sie selbst aufzuzählen. Zunächst gestehen Sie eine kleinere Schwäche ein. Sie haben vielleicht eine größere Schwäche, aber erst sprechen Sie nur von einem kleinen Fehler. (Auch das ist eine Kunst.) Wenn Sie etwas bekennen, sagen Sie vielleicht:

»Neulich war ich nicht gerade achtsam. Ich habe dies und das gesagt. Das war unschön. Es tut mir sehr leid.« Obwohl es nur ein kleines Eingeständnis ist, hilft es doch der anderen Person, sich besser zu fühlen. Es ermutigt sie, ebenfalls etwas in derselben »Größenordnung« einzugestehen. (Stellen Sie sich vor, verfeindete Nationen würden so versuchen, langsam die kleinen Konflikte zu deeskalieren.)

Eine solche Atmosphäre ist ermutigend. Jeder trägt seinen Teil bei und ermöglicht so einen Abbau der Spannungen. Bei beiden Kontrahenten kann sich die Buddha-Natur entfalten; der Ärger oder Groll schwindet. In dieser Atmosphäre wächst die Fähigkeit zu reifem Verstehen und Annehmen. Schließlich erinnern die erfahrenen Mönche die beiden Streitenden: »Ihr seid Teil der Gemeinschaft. Das Wohlergehen der Gemeinschaft ist das Wichtigste. Denkt nicht nur an eure eigenen Gefühle! Denkt an das Wohlergehen der ganzen Gemeinschaft.« Schließlich ist jeder Mönch bereit, ein Opfer zu bringen und sich auf den Urteilsspruch oder die Entscheidung der Gemeinschaft vorzubereiten.

Die sechste und siebte Übung sind die einmütige Entscheidung und das Annehmen des Urteilsspruchs. Es steht fest, dass die beiden jedes Urteil, das von der Gemeinschaft gesprochen wird, annehmen; andernfalls müssen sie die Gemeinschaft verlassen. So verkündet schließlich ein Komitee das Urteil, nachdem es jede Einzelheit des Konflikts untersucht und ein Höchstmaß an Bemühung und Bereitschaft zur Aussöhnung festgestellt hat. Der Versammlungsleiter verliest sodann die Entscheidung: »Nach Meditation, Untersuchung und Diskussion, nach allen aufgebrachten Bemühungen wird vorgeschlagen, dass dieser Mönch dies und jener Mönch jenes tut. Dies sollte in dieser Weise und jenes in jener Weise in Ordnung gebracht werden. Nimmt die edle Versammlung diesen Urteilsspruch an?« Schweigt die Gemeinschaft, bedeutet es ihr Einverständnis. Dann wiederholt er genau die gleichen Worte: »Nimmt die edle Versammlung diesen Urteilsspruch an?« Schweigen. Und ein drittes Mal: »Nimmt die edle Versammlung diesen Urteilsspruch an?« Herrscht auch jetzt Schweigen, verkündet er: »Die edle Versammlung der Mönche und Nonnen hat den Urteilsspruch angenommen. Beide Parteien mögen der Entscheidung gemäß handeln.« Es kann manchmal vieler Sitzungen bedürfen, um zu einer guten Lösung zu kommen. Sollte einer der Mönche jetzt mit dem Urteil nicht mehr einverstanden sein, spielt das keine Rolle mehr; er hat vorher schon zugestimmt, jedem Urteil der Versammlung Folge zu leisten.

Diese sieben Schritte zur Streitschlichtung und Konfliktlösung werden von buddhistischen Mönchen und Nonnen in Indien, China, Vietnam, Japan, Korea und vielen anderen Ländern seit 2500 Jahren angewandt. Wir können für unsere Lebensgemeinschaften und unsere Gesellschaft sehr viel von ihnen lernen. In Protestbewegungen gibt es oft Gefühle der Wut, des Ärgers, der Frustration und viele Missverständnisse. Es scheint meist leichter, Protestbriefe zu schreiben als Liebesbriefe. Wir müssen aber lernen, solche Briefe an verantwortliche Politiker zu schreiben, die von diesen wirklich gelesen werden, statt sie sofort in den Papierkorb zu werfen. Unsere Sprache sollte die Menschen nicht abschrecken. Auch Politiker sind Menschen wie wir alle.

Wenn wir für den Frieden in der Welt eintreten, können wir da in einer liebevollen Sprache sprechen und so Wege zum Frieden aufzeigen? Das wird, so denke ich, davon abhängen, ob wir selbst Frieden *sein* können. Denn wenn wir nicht Frieden sind, können wir nichts für den Frieden tun. Wenn wir nicht lächeln, können wir anderen nicht helfen zu lächeln. Wenn wir nicht friedvoll sind, können wir nichts zum Frieden beitragen.

Deshalb ist es so wichtig für uns, zu meditieren, um erkennen und verstehen zu können. Friedensarbeit heißt zuallererst, Frieden zu sein. Meditieren wir, so meditieren wir für uns alle. Wir sind miteinander verbunden, aufeinander angewiesen. Besonders unsere Kinder sind auf uns angewiesen, damit sie eine Zukunft haben.

Meditation im Alltag

Meditation bedeutet, gewahr zu sein, was geschieht: in unserem Körper, in den Gefühlen, im Geist und in der Welt. Die kostbarste Praxis im Buddhismus ist die Meditation; dabei ist es wichtig, frohgestimmt zu meditieren. Wir sollten oft lächeln, um gut meditieren zu können. Die Glocke der Achtsamkeit hilft uns dabei.

Angenommen, wir haben einen Sohn, der sich zu einem ziemlich unerträglichen jungen Mann entwickelt. Es ist vielleicht nicht einfach für uns, ihn zu lieben. Das ist ganz natürlich. Es ist einfacher, jemanden zu lieben, der oder die liebenswert ist. Weil es so schwierig geworden ist, unseren Sohn zu lieben, sind wir sehr unglücklich. Wir wünschen, wir könnten ihn lieben, aber die einzige Möglichkeit, dies zu tun, ist, ihn und seine Situation zu verstehen. Wir müssen unseren Sohn zum Objekt unserer Meditation machen. Statt über Leerheit oder ein anderes Thema zu meditieren, machen wir unseren Sohn zum konkreten Betrachtungsgegenstand unserer Meditation.

Zunächst ist es wichtig, die auf uns einstürmenden Gefühle und Gedanken aufzuhalten, die unsere Kraft in der Meditation mindern; wir müssen unsere Fähigkeit zur Konzentration stärken. In Sanskrit wird diese Konzentration *samadhi* genannt. Ein Kind muss, um seine Hausaufgaben erledigen zu können, aufhören, Radio zu hören oder Fernsehen zu gucken. Dann erst kann es sich auf die Hausaufgaben konzentrieren. Wenn wir unseren Sohn verstehen wollen, müssen wir mit dem aufhören, was uns von unserer Konzentration abbringt. Konzentration, Samadhi, ist die erste Meditationsübung.

Wenn Licht aus einer Glühbirne nur auf das Buch, das wir gerade lesen, scheinen soll, brauchen wir einen Lampenschirm, damit das Licht sich nicht zerstreut, sondern so konzentriert, dass wir die Schrift besser lesen können. Die Praxis der Konzentration entspricht einem Lampenschirm; sie hilft uns, unsere Aufmerksamkeit auf etwas auszurichten. Wenn wir im Sitzen oder im Gehen meditieren, Zukünftiges und Vergangenes loslassen und nur im gegenwärtigen Augenblick weilen, entwickeln wir eine starke Konzentration. Sie kann uns zur tiefen Einsicht in ein Problem führen. Das ist Einsichts-Meditation. Zunächst sind wir des Problems gewahr und sammeln unsere gesamte Aufmerksamkeit, sind ganz konzentriert. Dann richten wir unsere Aufmerksamkeit auf das Problem, schauen tief hinein, um seine wahre Natur zu verstehen – in diesem Fall ist es das Unglücklichsein unseres Sohnes.

Wir klagen unseren Sohn nicht an. Wir wollen nur verstehen, warum er so geworden ist. Durch diese Art der Meditation können wir alle Ursachen, nahe und ferne, die dazu geführt haben, dass unser Sohn so ist, wie er ist, erkennen. Je mehr wir erkennen, desto größer ist unser Verstehen.

Je mehr wir verstehen, desto leichter fällt es uns, Mitgefühl und Liebe zu empfinden. Verstehen ist die Quelle der Liebe. Verstehen ist die Liebe selbst. Verstehen ist ein anderer Name für Liebe – Liebe ein anderer Name für Verstehen. Es ist hilfreich, auf diese Weise zu praktizieren.

Pflanzen Sie einen Baum, machen Sie ihm keine Vorwürfe, wenn er nicht gut wächst. Sie suchen aber zu ergründen, warum er nicht wächst. Vielleicht braucht er Dünger, mehr Wasser oder weniger Sonne. Sie würden einem Baum nie Vorwürfe machen, aber Ihren Sohn klagen Sie an. Verstehen Sie aber, was er braucht, wird er gut wachsen und gedeihen, so wie ein Baum. Vorwürfe haben überhaupt keinen Sinn. Nach meiner Erfahrung zeitigen sie niemals irgendeine positive Wirkung. Kein Streit, keine Vorwürfe, nur Verständnis hilft. Wenn Sie verstehen und dies auch zeigen, lieben Sie wirklich, und die ganze Situation ändert sich.

In meiner Tradition haben Glockenklänge große rituelle Bedeutung. Die Glocke der Achtsamkeit ist die Stimme des Buddha; sie ruft uns zu uns selbst zurück. Auf diesen Klang sollten wir hören, ihn respektieren und innehalten in unserem Denken und Reden. Wir atmen ein und aus und kehren mit einem Lächeln auf den Lippen zu uns selbst zurück. Es ruft uns kein äußerer Buddha. Es ist der Buddha in uns, der uns ruft. Wenn wir den Klang der Glocke nicht hören, können wir auch andere Klänge nicht hören, die ebenso Klänge des Buddha sind – das Geräusch des Windes, der Vögel, sogar die der Autos oder eines weinenden Kindes. Dies alles sind Rufe und Mahnungen des Buddha, zu uns selbst zurückzukehren. Es ist hilfreich, von Zeit zu Zeit mit einer Glocke zu üben. Wenn Sie damit erst einmal vertraut sind, vermögen Sie auch mit dem Wind und anderen Geräuschen zu üben. Später können Sie dann auch mit Formen üben. Der Sonnenschein, der durch Ihr Fenster dringt, ist eine Botschaft des Dharmakaya, die den Buddhakaya und den Sanghakaya lebendig werden lässt.

»Ruhig werden, lächeln, gegenwärtiger Moment, einziger Moment.« Diese Worte können Sie während des Sitzens still sprechen oder auch während der Gehmeditation. Sie können aber auch andere Methoden zur Sammlung des Geistes nutzen, wie zum Beispiel das Zählen des Atems: einatmen, eins, ausatmen, eins; einatmen, zwei, ausatmen, zwei; ein drei, aus drei. Sie zählen auf diese Weise bis zehn.

Dann zählen Sie rückwärts: zehn, neun, acht, sieben ... Den Atem zählen ist eine sehr bekannte Methode, die den Geist fokussiert, Konzentration, die zum Samadhi führt.

Ohne einen gesammelten Geist haben Sie nicht genügend Kraft, wirklich in die Tiefe zu gelangen, das Objekt Ihrer Meditation zu erfassen. Deshalb dienen Atmen, Gehen, Sitzen und andere Übungen in erster Linie dazu, einen gewissen Grad an Konzentration zu entwickeln. Dafür müssen wir innehalten. Innehalten, um uns zu konzentrieren. So, wie der Lampenschirm das Licht daran hindert, sich zu zerstreuen, und wir so unser Buch besser lesen können, ist der erste Schritt in der Meditation, innezuhalten, unseren zerstreuten Geist zu sammeln und uns auf einen Gegenstand zu konzentrieren. Am besten eignet sich hierzu der Atem. Der Atem ist etwas Wunderbares. Stets ist er verfügbar, vereinigt Körper und Geist. Ob Sie die Atemzüge zählen oder ihnen nur folgen, beides dient dem Innehalten.

Innehalten und Erkennen liegen nah beieinander. Halten Sie inne, so werden die Wörter auf der Seite deutlich erkennbar; genauso wird das Problem Ihres Sohnes plötzlich klar, wenn Sie innehalten. Innehalten und Erkennen – das ist Meditation, Einsichts-Meditation. Einsicht bedeutet, dass Sie eine Vision, eine Einsicht in die Wirklichkeit haben. Innehalten bedeutet auch erkennen, und erkennen hilft innehalten. Beide sind eins. Wir sind stets so geschäftig, sind stets in Eile. Ist eine Situation schwierig, sagt man uns vielleicht: »Tu etwas. Sitz nicht einfach nur rum!« Aber möglicherweise verschlimmert unser Tun die Lage noch. Besser wäre es zu sagen: »Tu nicht einfach irgendetwas, sondern sitz stattdessen!« Sitzen Sie, halten Sie inne, seien Sie einfach Sie selbst – fangen Sie damit an. Das ist der Sinn der Meditation. Das können Sie tun, wo immer Sie sind – im Meditationsraum oder zu Hause. Aber Sie müssen auf die richtige Weise sitzen. Einfach nur so dasitzen, das reicht nicht. Sitzen Sie und seien Sie. Sitzen, ohne zu sein, ist nicht sitzen. Seien Sie Innehalten und Erkennen.

Es gibt so viele Methoden, innezuhalten und zu erkennen; kompetente Lehrende werden Ihnen helfen können, die für Sie besten zu finden. Im Buddhismus spricht man von 84 000 Dharma-Toren, durch die man in die Wirklichkeit eintreten kann. Dharma-Tore sind Übungswege. Gerät unser Pferd beim Reiten außer Kontrolle, wollen wir ganz schnell anhalten. Wie können wir es dazu bringen? Wir müssen uns der Geschwindigkeit widersetzen; müssen uns entschleunigen, Widerstand organisieren. Zwei Stunden bei einer Tasse Tee während einer Teezeremonie können ein Akt des gewaltlosen Widerstandes sein. Wir widerstehen einer Lebensweise, bei der wir uns selbst verlieren. Auch Gehmeditation ist Widerstand. Ebenso Sitzmeditation. So leisten Sie auch Widerstand gegen das Unrecht in der Welt. Beginnen Sie mit dem Widerstand in Ihrem täglichen

Leben. In New York habe ich ein Auto gesehen mit dem Aufkleber: »Lass den Frieden mit mir beginnen.« Das ist richtig. Und lass mich mit dem Frieden beginnen. Das ist ebenfalls richtig.

Gehmeditation ist eine sehr angenehme Form der Meditation. Wir gehen langsam, allein oder mit Freunden, Freundinnen; wenn es uns möglich ist, gehen wir an einem schönen Ort. Meditation im Gehen bedeutet, das Gehen wirklich zu genießen. Wir gehen nicht, um anzukommen – wir gehen, um zu gehen. Sinn und Zweck liegen darin, im Moment zu sein und jeden Schritt, den wir tun, zu genießen. Wir können das Gehen genießen, wenn wir alle Ängste und Sorgen abschütteln, weder an die Zukunft noch an die Vergangenheit denken, nur Freude am gegenwärtigen Moment haben. Wir gehen, setzen Schritte, als wären wir der glücklichste Mensch auf Erden.

Wir legen am Tag so viele Strecken zu Fuß zurück, aber gewöhnlich ist es mehr ein Hetzen. Mit dieser Art des Gehens drücken wir nur Ängste und Sorgen in die Erde. Besser ist es, so zu gehen, dass wir nur Frieden und Gelassenheit in die Erde einprägen.

Das ist nicht schwierig, und wir alle können es, wir müssen es aber wirklich wollen. Jedes Kind kann es. Können wir einen Schritt friedvoll machen, so geht es auch mit zwei, drei, vier und fünf Schritten. Machen wir auch nur einen Schritt friedvoll und glücklich, so tragen wir zum Frieden und Glück der gesamten Menschheit bei. Gehmeditation ist eine wundervolle Praxis.

Die grundlegende Lehrrede des Buddha über die vier Verankerungen oder Stützen der Achtsamkeit, das Satipatthana Sutta, ist in vielen Sprachen zugänglich: in Pali, Chinesisch, Englisch, Französisch und Deutsch. Diesem Text zufolge heißt meditieren das wahrnehmen, was im Körper, in den Gefühlen, im Geist und den Objekten des Geistes vor sich geht. Die Objekte des Geistes sind die Welt; die Welt tritt als Objekte unseres Geistes in Erscheinung. Wenn Sie wahrnehmen, was geschieht, können Sie erkennen, wie Probleme sich entwickeln; und so sind Sie imstande, dazu beizutragen, dass viele Konflikte erst gar nicht ausbrechen. Eskalieren sie nämlich, ist es bereits zu spät. Wie gehen wir also mit unserem Alltag, mit unseren Gefühlen, unserer Rede, mit den alltäglichen Dingen um? Das alles ist Gegenstand der Meditation. Wir müssen lernen, Meditation im Alltag anzuwenden.

Es gibt viele Möglichkeiten. Zum Beispiel können wir beim Abendessen, wenn wir gemeinsam am Tisch sitzen, zusammen atmen, drei langsame bewusste Atemzüge. Wir atmen, um zu uns selbst zurückzukehren, um wir selbst zu sein. Sicher werden Sie jedes Mal, wenn Sie auf diese Weise tief atmen, wieder ganz Sie selbst. Dann können Sie die anderen, die mit Ihnen am Tisch sitzen, anschauen und ihnen zulächeln, zwei oder drei Sekunden lang, bevor Sie mit dem Essen beginnen. Wir nehmen uns so selten die Zeit, einander anzusehen, noch nicht einmal die, die uns nahestehen, und wie schnell kann es zu spät dafür sein. Es ist wundervoll, den Menschen in unserer Umgebung unsere Wertschätzung offen zu zeigen.

In Plum Village spricht ein Kind oft vor dem Essen laut einen Vers. Es hält eine Schale Reis und weiß, dass es sich glücklich schätzen kann, genug zu essen zu haben, und dass Kinder in vielen Ländern der Welt hungern müssen. Die Reissorte, die man im Westen kauft, ist beste aus Thailand importierte Ware. Die Kinder wissen, dass die Kinder in Thailand nicht die Möglichkeit haben, solch guten Reis zu essen. Sie bekommen nur Reis schlechterer Qualität. Der gute Reis wird wegen ausländischer Devisen exportiert. Wenn ein Kind eine Schale Reis hochhält und sich dessen bewusst ist, wird es wissen, wie viel Glück es hat. Es weiß, dass jeden Tag Tausende von Kindern seines Alters verhungern. Das Kind sagt etwa Folgendes: »Heute sind so viele leckere, gute Sachen auf dem Tisch. Dort sitzt meine Mutter, dort mein Vater, dort mein Bruder, dort meine Schwester. Es tut so gut, zusammen zu essen, während es so viele Menschen gibt, die hungrig sind. Ich bin sehr dankbar.«

Es gibt viele Möglichkeiten, Achtsamkeit in unser tägliches Leben zu bringen: bewusstes Atmen zwischen Telefongesprächen, Gehmeditation zwischen Geschäftsbesprechungen und so weiter. Was nützt es, Meditation zu praktizieren, wenn sie mit unserem Alltag nichts zu tun hat?

Wir können sehr glücklich dabei sein, wenn wir atmen und lächeln. Wir haben alle Voraussetzungen dafür. Wir können es in einem Meditationsraum tun, zu Hause, im Park, am Flussufer, überall. Ich empfehle allen, in ihrer Wohnung einen kleinen Raum für das bewusste Atmen einzurichten. Wir haben ein Schlafzimmer, eine Küche, ein Wohnzimmer – warum nicht auch einen Raum zum bewussten Atmen? Bewusstes Atmen ist sehr wichtig.

Ich empfehle, den Raum einfach einzurichten, und er sollte nicht zu hell sein. Eine kleine Glocke mit schönem Klang, ein paar Kissen oder Stühle und vielleicht eine Vase mit Blumen, die uns an unsere wahre Natur erinnern – das reicht. Ihre Kinder können die Blumen achtsam arrangieren und dabei lächeln. Wenn Ihr Haushalt aus fünf Personen besteht, können Sie fünf Kissen oder Stühle bereitstellen – vielleicht ein paar mehr für Gäste. Sie laden vielleicht ab und zu jemanden ein, um mit Ihnen für drei oder fünf Minuten zu sitzen und zu atmen.

Wenn Sie eine Statue oder ein Bild des Buddha

aufstellen möchten, seien Sie ruhig wählerisch. Ich sehe oft Buddha-Figuren, die nicht sehr entspannt und friedvoll aussehen. Die Künstler, die sie hergestellt haben, praktizieren vermutlich kein achtsames Atmen und Lächeln. Seien Sie wählerisch, wenn Sie einen Buddha zu sich nach Hause bitten. Ein Buddha sollte lächeln, er sollte glücklich aussehen und schön sein – auch um unserer Kinder willen. Wenn Sie sich nicht beim Anblick des Buddha ermutigt und glücklich fühlen, dann ist es keine gute Statue. Finden Sie keinen schönen Buddha, nehmen Sie stattdessen eine Blume. Eine Blume ist Buddha. Eine Blume hat Buddha-Natur.

Ich kenne Familien, bei denen die Kinder nach dem Frühstück in einen solchen Raum gehen, sich dort hinsetzen und zehnmal atmen: ein-aus: eins, ein-aus: zwei, ein-aus: drei; insgesamt zehnmal, und dann gehen sie zur Schule. Das ist eine sehr schöne Praxis. Wenn Ihr Kind nicht zehnmal atmen möchte – wie wär's dann mit dreimal? Ein Buddha zu sein, gleich frühmorgens – das ist eine wunderbare Art, den Tag zu beginnen. Wenn wir am Morgen schon Buddha sind und dann versuchen, tagsüber den Buddha in uns zu nähren, kommen wir vielleicht mit einem Lächeln abends heim – der Buddha ist immer noch ganz gegenwärtig.

Sind Sie aufgeregt oder voller Zorn, brauchen Sie gar nichts zu tun oder zu sagen. Folgen Sie nur dem Atem, und gehen Sie langsam in den Atemraum. (Er symbolisiert unser eigenes inneres Buddha-Land.)

Wir können dort eintreten, wann immer wir wollen. Ein Freund von mir sucht jedes Mal, wenn er sich aufregt, den Atemraum zu Hause auf. Er setzt sich respektvoll nieder, atmet dreimal ein und aus, lässt die Glocke erklingen und rezitiert eine Gatha. Sofort fühlt er sich besser. Manchmal bleibt er, wenn er spürt, dass es nötig ist, länger dort sitzen. Von Zeit zu Zeit hört seine Frau den Klang der Glocke, der sie daran erinnert, bei dem, was sie gerade tut, achtsam zu sein. In solchen Momenten schätzt sie ihren Mann aus tiefstem Herzen. »Er ist so wunderbar, so anders als andere. Er kann mit Ärger und Wut gut umgehen.« War sie bis dahin selbst gereizt, schwindet nun auch ihr eigener Ärger. Manchmal geht auch sie in den Atemraum, um dort mit ihm zusammen zu sitzen. Ist das kein liebenswertes Bild, schöner als ein teures Gemälde? Mit den Emotionen so umzugehen hat eine gute Wirkung auf alle: Es bedeutet, durch das Beispiel zu lehren, nicht durch Worte. Wenn Ihr Kind aufgeregt ist, sollten Sie nicht einfach sagen: »Jetzt geh in den Atemraum!« Nehmen Sie Ihr Kind an die Hand, gehen Sie mit ihm in den Raum und sitzen und atmen Sie dort gemeinsam. Das ist die beste Erziehung zum Frieden.

Es ist wirklich schön, den Tag damit zu beginnen, ein Buddha zu sein. Wir können so lange sitzen und atmen, bis wir zu unserem wahren Selbst zurückgefunden haben. Drei Dinge empfehle ich Ihnen: einen Atemraum, das heißt einen Raum für die Meditation zu Hause einzurichten; jeden Morgen für ein paar Minuten mit Ihren Kindern gemeinsam zu atmen und zu sitzen; schließlich mit Ihren Kindern vor dem Schlafengehen einige Minuten Gehmeditation im Freien zu machen. Diese Dinge sind wichtig, und sie können unsere Gesellschaft verändern.

Kontaktadressen

Spirituelles Zentrum Thich Nhat Hanhs

Plum Village
New Hamlet
13 Martineau
F-33580 Dieulivol
Tel.: 0033 5 56 61 66 88
Fax: 0033 5 56 61 61 51
www.plumvillage.org

Kontaktadressen in Deutschland

Europäisches Institut für angewandten Buddhismus (EIAB)
Schaumburgweg 3
51545 Waldbröl
Tel.: 02291 90 71 373
www.eiab-maincampus.org

Gemeinschaft für achtsames Leben, Bayern e.V.
Dr. Thomas Barth
Abt-Häfele-Straße 21
85560 Ebersberg
Tel.: 08092 85 19 940
Fax: 08092 85 19 941
www.gal-bayern.de

InterSein Zentrum für Leben in Achtsamkeit
Haus Maitreya
Unterkashof 50
94545 Hohenau
Tel.: 08558 92 02 52
Fax: 08558 92 04 34
www.intersein-zentrum.de

Quelle des Mitgefühls
Heidenheimer Str. 27
13467 Berlin
Tel.: 030 40 58 65 40
www.quelle-des-mitgefuehls.de

THICH NHAT HANH

Nenne mich bei meinen wahren Namen

Ausgewählte Gedichte

Thich Nhat Hanh ist vor allem als buddhistischer Lehrer bekannt, aber immer wieder hat er seine Erfahrungen sowie seine spirituell-philosophische Sicht der Welt in poetische Bilder gefasst.

Diese inspirierende und außergewöhnliche Auswahl seiner Gedichte spiegelt das persönliche Erleben und die Einsichten eines ungewöhnlichen Lebens wider und lässt eine tiefere Dimension des Daseins sichtbar werden.

MensSana
BEI KNAUR